吕 航
原肇源县县委副书记

杨为群
肇源县老促会会长

韩春雨
原肇源县委组织部副部长

尚大勇
原肇源县委组织部副部长

张佳会
肇源县老促会办公室主任

常士超

周 冲

于成龙

吴科明

张 俊

张世纯

张 震

陈绍伟

白万胜

红色
烙印

东北抗联战迹地

烈士纪念塔

九八抗洪纪念塔

九八抗洪纪念广场

肇源县第五届人民代表大会全体代表

革命前辈

抗联英烈耿殿臣　　抗联英烈耿殿军　　抗联英烈王化清　　志愿军英烈张宏书

领导关怀

1998年8月时任沈阳军区政委姜福堂中将和
某集团军军长柳风举少将在大堤指挥抢险

1998年8月时任大庆市委书记刘海生
在肇源抗洪抢险一线

2014年4月大庆市副市长于宸和
老促会会长康志俭来我县慰问

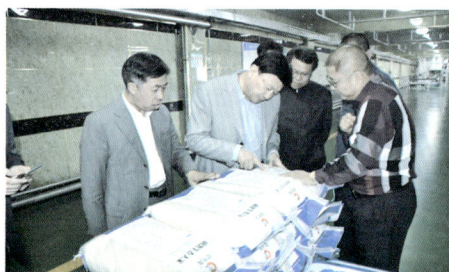

2018年5月省粮食局局长朱玉文到
我县调研优质粮食工程落实情况

2018年9月大庆市委书记韩立华视察鲶鱼沟
实业有限公司精制米产品

2018年9月大庆市委书记韩立华参加
我县农民丰收节

2019年4月大庆市委书记韩立华到我县松花江精制米有限公司调
研大米加工情况

农业发展

水田灌溉

水稻催芽车间

田间管理

高产无公害水稻

水稻高产试验田

即将收割的黄金谷

大棚香瓜

渔业生产

农业生产

田间作业

玉米脱粒

和平乡水果

二站西瓜

新站水稻收割

生态
建设

龙源度假村

鲶鱼沟

果苑园区

西海湿地

西海银鸥

茂兴湖

茂兴湖丹顶鹤

西海须浮鸥

靠山湖

城市建设

城门

拉菲公馆

小区夜景

人民广场

县城一角

果苑小区

公园

节日夜晚

广场之夜

湿地公园

城市与湿地

住宅小区-1

住宅小区-2

交通区位

松花江肇源港

内陆港

松花江公路大桥

滨江大道

松花江

交通区位

便利的水上运输

机械化装卸

改造后的林肇路

通让铁路贯穿我县西部地区

我县城乡开通新能源汽车

四通八达的农村公路网

中央大街夜景

工业经济

皮革城

鹅香久食品有限公司

金祖酒业

鲶鱼沟精制米

鲶鱼沟实业有限公司大雁养殖基地

鲶鱼沟实业有限公司办公大楼

工业经济

皮革工业园区

皮革制品

制皮生产线

天源罐头

罗姆斯制衣

啤酒生产线

精制米

整装代运

秘制烤大雁

历史文化

白金宝遗址

古战场雕像

古战场遗址

小拉哈遗址

衍福寺双塔

历史文化

羚羊角柄鱼刀

元末明初鸡手鼠尾三彩执壶

白金宝文化刻划纹陶壶

康熙五十七年三月十九日铭文铁钟

新石器时代小拉哈文化鱼型蚌佩

肇源县博物馆

王氏水牛

金代二龙戏珠纹铜镜

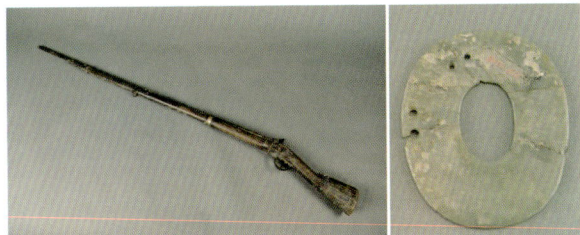
伪郭后旗公署使用的枪支　小拉哈出土的玉璧

民生事业

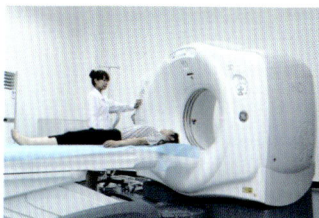
先进的CT扫描仪

县总医院

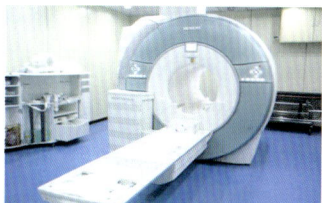
1.5T核磁共振

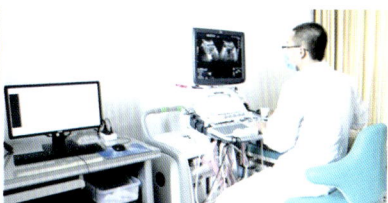
彩色多普勒超声系统

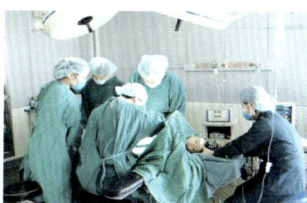
外科手术中

肇源县第一中学

庆祝祖国70周年文艺演出

道路养护

新新湖沙滩浴场

民生事业

夜市

市民之家

蔬菜市场

电商平台

大型超市

商场

社区卫生服务中心

烧烤一条街

肇源县革命老区发展史

肇源县老区建设促进会　编

黑龙江教育出版社

图书在版编目（CIP）数据

肇源县革命老区发展史 / 肇源县老区建设促进会编
. -- 哈尔滨：黑龙江教育出版社，2021.5
ISBN 978-7-5709-2234-5

Ⅰ．①肇… Ⅱ．①肇… Ⅲ．①肇源县－地方史 Ⅳ．
①K293.54

中国版本图书馆CIP数据核字(2021)第074676号

顾　　问　于万岭
丛书主编　杜吉明
副 主 编　白亚光　张利国　李树明　李　勃

肇源县革命老区发展史
Zhaoyuanxian Geming Laoqu Fazhanshi
肇源县老区建设促进会　编

责任编辑　高　璐
封面设计　朱建明
责任校对　杨　彬
出版发行　黑龙江教育出版社
地　　址　哈尔滨市道里区群力第六大道1305号
印　　刷　哈尔滨博奇印刷有限公司
开　　本　787毫米×1092毫米　1/16
印　　张　13.25
字　　数　260千
版　　次　2021年5月第1版
印　　次　2021年5月第1次印刷
书　　号　ISBN 978-7-5709-2234-5　　定　价　38.00元

黑龙江教育出版社网址：www.hljep.com.cn
如需订购图书，请与我社发行中心联系。联系电话：0451-82533097　82534665
如有印装质量问题，影响阅读，请与我公司联系换。联系电话：0451-51789011
如发现盗版图书，请向我社举报。举报电话：0451-82533087

《肇源县革命老区发展史》
编纂委员会

名誉主编 吕 航 原肇源县县委副书记

主　　编 杨为群 肇源县老区建设促进会会长

副　主　编 韩春雨 原肇源县委组织部副部长

尚大勇 原肇源县县委组织部副部长

常务副主编 张佳会 肇源县老区建设促进会办公室主任

编　　辑 常士超 周 冲 于成龙 吴科明

张 俊 张 振 张世纯

图 片 编 辑 陈绍伟

顾　　问 白万胜

—————— 《肇源县革命老区发展史》 ——————
编审委员会

名誉主编　吕　航　原肇源县县委副书记
主　　编　杨为群　肇源县老区建设促进会会长
副 主 编　韩春雨　原肇源县委组织部副部长
　　　　　尚大勇　原肇源县县委组织部副部长
常务副主编　张佳会　肇源县老区建设促进会办公室主任
编　　辑　常士超　周　冲　于成龙　吴科明
　　　　　张　俊　张　振　张世纯　陈绍伟
　　　　　白万胜

总 序

在举国欢庆新中国成立70周年前夕，中国老区建设促进会王健会长请我为《全国革命老区县发展史》丛书作序，作为一名在老区战斗过并得到老区人民生死相助的老兵，回首往事，心潮澎湃，感慨万千，深感义不容辞，欣然应允。

中国革命老区，是以毛泽东为代表的中国共产党人在领导人民推翻帝国主义、封建主义和官僚资本主义三座大山，争取民族独立和人民解放伟大斗争中建立的革命根据地，在这片红色的土地上，诞生了无数可歌可泣的革命英雄儿女，为后人树起了一座不朽的丰碑。她是新中国的摇篮，是党和军队的根。

在艰苦卓绝的战争年代，老区人民把自己的命运与中华民族的命运紧紧地联系在一起，与中国共产党和人民军队的命运紧紧地联系在一起，他们生死相依，患难与共。我曾亲历过战争年代，并得到过老区红哥红嫂的救助，切身感受到发生在身边的一幕幕撼天动地的革命故事，在那极其艰难的条件下，老区人民倾其所有、破家支前，不怕艰难困苦，不怕流血牺牲。"最后一碗米送去做军粮，最后一尺布送去做军装，最后一件老棉袄盖在担架上，最后一个亲骨肉送去上战场"，这是当时伟大的老区人民为建立新中国做出巨大牺牲的真实写照，它将永远镌刻在中国共产党、中国人民解放军、中华人民共和国的历史丰碑上。他们的光辉业绩永载史册，他们的革命精神必将影响一代又一代的革命新人，造就一代又一代的民族脊梁。

在社会主义革命和建设时期，革命老区和老区人民响应党的号召，面对落后的面貌、脆弱的经济、恶劣的生态环境，他们本色不变，精神不丢，自力更生，艰苦奋斗，干一行爱一行。始终坚持"革命理想高于天"，自觉做共产主义远大理想的坚定信仰者和忠实实践者，勇于向恶劣的自然环境和贫穷落后宣战，他们在各条战线上为国建功立业，用平凡的双手创造了一个又一个不平凡的奇迹，彰显了老区人的崇高精神和人格力量。

在改革开放的伟大进程中，老区人民解放思想，勇于创新，发奋图强，攻坚克难，老区的经济社会建设取得了辉煌成就。特别是在改变中国的面貌、中华民族的面貌、中国人民的面貌、中国共产党的面貌的伟大实践中发挥了至关重要的作用。老区人民既是改革开放的参与者，也是改革开放的推动者。

艰苦练意志，危难见精神。老区人民在近百年的革命战争、社会主义建设和改革开放的伟大实践中，孕育形成了伟大的老区精神：爱党信党、坚定不移的理想信念；舍生忘死、无私奉献的博大胸怀；不屈不挠、敢于胜利的英雄气概；自强不息、艰苦奋斗的顽强斗志；求真务实、开拓创新的科学态度；鱼水情深、生死相依的光荣传统。这是党和人民宝贵的精神财富、丰厚的政治资源，是凝心聚力、振奋民族精神的重要法宝，也是社会主义核心价值观的重要内容。

中国老区建设促进会怀着强烈的政治责任感和历史使命感，组织全国各地老促会人员克服困难，尽心竭力编纂《全国革命老区县发展史》丛书，记录老区的光辉历史和辉煌成就，传承红色基因，弘扬老区精神，是功在当代，利及千秋的一件大事。手捧这部丛书的部分书稿，读着书中的故事，倍感亲切，深感这部丛书具有资政、育人、存史的社会功能，有着重要的时代和历史价值。它是不忘初心、牢记使命的源头活水，是赞颂共产党、讴歌老区人民的一部精品力作，是弘扬老区精神、传承红色记忆的丰厚载体，是一项继承优秀传统文化、弘扬革命文化、发展社会主义先进文化，坚定"四个自信"的宏大文化工程。它必将成为一种文化品牌，为各界人士了解老区宣传老区支持老区提供一部有价值的研究史料。希望读者朋友们能从中了解并牢记这些为党和民族的利益不断奉献的老区人民，从中得到教益，汲取人生奋斗的精神动力。

新时代赋予新使命，新起点开启新征程。让我们更加紧密地团结在以习近平同志为核心的党中央周围，坚持以习近平新时代中国特色社会主义思想为指导，增强"四个意识"，坚定"四个自信"，做到"两个维护"，弘扬老区精神，铭记苦难辉煌。为实现"两个一百年"奋斗目标，实现中华民族伟大复兴的中国梦做出新的更大的贡献！

迟浩田

2019 年 4 月 11 日

编写说明

2017年6月，中国老区建设促进会组织全国各地老促会启动编纂《全国革命老区县发展史》丛书，按照"建立中国共产党、成立中华人民共和国、推进改革开放和中国特色社会主义事业"三大里程碑的历史脉络，系统书写革命老区百年历史，深入挖掘革命老区红色文化资源，这对于充实丰富中国革命史籍宝库、在新时代传承红色基因、弘扬革命精神、强根固本，对于激励人们在新的历史条件下夺取中国特色社会主义伟大胜利，实现中华民族伟大复兴的中国梦具有重要意义。

丛书编纂以习近平新时代中国特色社会主义思想为指导，以《中国共产党历史》《中国共产党的九十年》等重要文献为基本依据，以党的领导为核心，以老区人民为主体，以老区发展为主线，体现历史进程特征，突出时代发展特色，坚持辩证唯物主义和历史唯物主义相统一、历史真实性与内容可读性相统一的原则，书写革命老区从站起来、富起来到强起来的光辉革命史、不懈奋斗史、辉煌成就史，把老区人民的伟大贡献、伟大创造、伟大成就、伟大精神充分展示出来，形成一部具有厚重历史特征和鲜明时代特色的精品力作。这是一部培根铸魂、守正创新，既为历史立言，又为时代服务，字里行间流淌着红色血脉、催生着革命激情的传世之作。丛书的编纂出版将成为讴歌党讴歌人民讴歌时代、传播红色文化、为革命老区和老区人民树碑立传的重要载体。丛书按照编年体与纪事本末体相结合、以编年体为主的编写体例确定框架结构；运用时经事纬、点面结合的方式记述史实；坚持人事结合、以事带人的原则处理人与事的关系；采取夹叙夹议、叙论结合以叙为主的方法展开内容。做到史料与史论、历史与现实、政治与学术统一，文献性、学术性、知识性相兼容。

为编纂好《全国革命老区县发展史》丛书，打造红色文化品牌，中国老区建设促进会认真组织积极协调，提出政治立场鲜明、史料真实准确、思想论述深刻、历史维度厚重、时代特色突出、编写体例规范、篇目布局合理、审读把关严格、出版制作精良的编纂出版总要求，力求达到革命史籍精品的精神高度、思想深度、知识广度、语言力度，增强丛书的权威性和社会影响力。各省（区、市）、市（州、盟）、县（市、区、旗）老促会的同志，以强烈的使命感、责任感和紧迫感，勇于担当，积极作为，认真实施，组织由老促会成员、专家学者等参加的十余万人编纂队伍。编纂工作主体责任在县，省、市组织协调、有力指导、审读把关。各方面人员以高度负责的精神和科学严谨的态度，满腔热情地投入工作，为丛书编纂出版做出了重要贡献。丛书编纂工作还得到了党和国家有关部委、地方各级党委政府及有关部门的大力支持和积极参与，社会各界也给予了热情帮助。中共中央政治局原委员、中央军委原副主席、原国务委员兼国防部长迟浩田上将，对老区人民怀有深厚感情，对革命老区建设发展十分关注，欣然为《全国革命老区县发展史》丛书作总序。

丛书由总册和1 599 部分册（每个革命老区县编纂1部分册）组成，共1 600 册。鉴于丛书所记述的史实内容多、时间跨度长和编纂时间紧，不妥之处，敬请批评指正。

中国老区建设促进会

目 录

前言 ……………………………………………………………… 001

第一章　县域概况 …………………………………………… 001

　第一节　历史沿革 ………………………………………… 001

　第二节　地理位置 ………………………………………… 004

　第三节　行政区划 ………………………………………… 004

　第四节　人口与民族 ……………………………………… 004

　第五节　地形地貌 ………………………………………… 005

　第六节　河流湖泊 ………………………………………… 005

　第七节　气候 ……………………………………………… 006

　第八节　自然资源 ………………………………………… 007

　第九节　名胜古迹 ………………………………………… 008

　第十节　道路交通 ………………………………………… 009

第二章　积极投身抗日　勇于夺取胜利 ………………… 011

　第一节　日本帝国主义在肇源犯下的滔天罪行 ………… 011

　第二节　抗日战争时期的肇源——郭尔罗斯后旗 ……… 012

　第三节　肇源人民在中国共产党领导下的抗日斗争 …… 013

第四节　发生在肇源的抗日斗争重大事件 ·············· 025

第五节　"三肇"地区抗日领导组织及十二支队 ········ 036

第六节　"三肇"地区抗日救国会分会 ················· 037

第七节　抗联十二支队组建与编制 ···················· 038

第八节　抗联十二支队在"三肇"地区活动路线及战迹 ·· 040

第九节　历史遗址遗迹 ······························· 042

第十节　抗联英模英烈 ······························· 045

第三章　巩固民主政权　支援解放战争 ················ 057

第一节　日本投降后肇源县城的混乱局面 ············· 057

第二节　解放肇源，建立新的人民政权 ··············· 060

第三节　清剿叛匪，夺回县城，巩固新生政权 ········· 061

第四节　开展反奸清算斗争 ·························· 064

第五节　开展剿匪斗争 ······························· 066

第六节　开展土地改革运动 ·························· 069

第四章　踊跃参军参战　助力抗美援朝 ················ 070

第一节　踊跃报名参军参战 ·························· 070

第二节　组建志愿队支援前线 ························ 074

第三节　捐款捐物勇于奉献 ·························· 077

第五章　成立人民公社　人民当家作主 ················ 082

第一节　消除剥削制度　走上互助之路 ··············· 082

第二节　违背客观规律　实行共产冒进 ··············· 083

第六章　建设美好家园　造福子孙后代 ················ 088

第一节　总结丰产经验　推动农业进步 ··············· 088

第二节　兴建水利工程　建成"八大灌区" ··········· 092

第三节　建造铁质驳船　开辟水上通道 ··············· 096

第四节　建设新肇车站　开通铁运先河 ··············· 099

第五节　十年"文化大革命"经济社会受影响 ········ 101

第七章　转移工作重点　实行改革开放 ·················· 103

第一节　试行"包产到户"农村改革迈出第一步 ····· 104

第二节　改革产权制度　放手发展民营经济 ··········· 107

第三节　改革行政机构转变政府职能 ·············· 112

第四节　实施"开放"战略　打开县门招商 ·········· 116

第五节　修桥铺路建港　提升区位优势 ··········· 123

第六节　开发区块油田油经济　撑起县财政半边天 ····· 125

第七节　各业协调发展　壮大县域经济 ··········· 128

第八节　改善生态环境　加快城镇建设 ··········· 134

第九节　启动民生工程　提高生活质量 ··········· 140

第十节　挖掘文化底蕴　构建魅力肇源 ··········· 144

第八章　加快扶贫攻坚　全面奔向小康 ············ 153

第一节　全面组织动员　层层落实责任 ··········· 153

第二节　强力推进落实　确保完成任务 ··········· 154

第三节　坚持典型引路　取得明显效果 ··········· 160

第四节　全面完成任务　实现脱贫目标 ··········· 164

第五节　肇源未来发展愿景 ····················· 166

后记 ··· 172

前　言

在中国共产党建党百年之际，欣逢《肇源县革命老区发展史》问世。她打开了一扇走近"初心"的窗口，提供了一个铭记历史、凝聚力量、推动发展的平台，是一部难得的学习肇源革命史的教育读本和励志教材，可谓开卷有益，可喜可贺。

肇源历史悠久，钟灵毓秀，得松嫩两江之水的润泽。这里孕育了一批为中国革命抛头颅、洒热血的仁人志士，有着光荣的革命传统。作为全县革命传统和爱国主义教育基地，抗联十二支队鏖战日本侵略者的二站镇敖木台战迹地，肇源镇四方山上的革命英雄纪念碑，都在无声地诉说着那段难忘的革命历史。然则，肇源县却还没有一部系统梳理和记载老区革命历史、缅怀革命先烈、讴歌老区发展的书籍，《肇源县革命老区发展史》的付梓出版，恰逢其时，我们正需要这样的一部史书。

《肇源县革命老区发展史》由肇源县委组织部会同县老区建设促进会牵头编撰，全书共八章，20万字，生动地再现了革命老区可歌可泣的斗争岁月，记录了老区解放后繁荣发展的前行轨迹，反映了在历届县委、县政府的正确领导下，肇源革命老区发生的翻天覆地巨变。这些珍贵的文字和图片，让渐行渐远的革命历史更加清晰、革命先辈的事迹更加灵动、肇源革命老区的名片更加靓丽。《肇源县革命老区发展史》不是简单的历史资料汇编,而是一部独具匠心的寻根铸魂力作,从中我们能深切地感受到共产党人的忘我奉献精神,汲取到跨越前行的强大正能量。

只有熟知昨天,把握今天,才能更好地开创明天。习近平总书记在陕甘宁革命老区脱贫致富座谈会上曾指出:老区和老区人民,为我们党领导的中国革命做出了重大牺牲和贡献,我们要永远珍惜、永远铭记老区和老区人民的这些牺牲和贡献,继承和发扬老区和老区人民的光荣传统,为实现"两个一百年"奋斗目标、实现中华民族伟大复兴的中国梦而不懈奋斗。当前,我们正处在重要战略机遇期、乡村振兴的发力之年,需要我们不忘初心、攻坚克难,以老区革命历史激发内生动力、增添发展潜力,发扬革命传统、传承红色基因,把革命老区建设得更加美好。

青山翠柏埋忠骨,革命精神代代传。《肇源县革命老区发展史》的出版发行,能够让我们后来人缅怀历史,让老区的革命精神和奉献精神在头脑中深深扎根,形成推动肇源全面振兴全方位振兴的强大共识,则达到了本书出版的目的。

祝愿肇源革命老区各项事业永远兴旺发达,祝愿老区人民生活永远幸福安康!

编者

2020年1月22日

第一章　县域概况

第一节　历史沿革

据肇源县境内"白金宝文化"等遗址发掘考证，商周时代县境属肃慎国。

秦汉时为秽貊地。后汉三国时属扶余国，《后汉书》载"扶余国在玄菟北千里，南与高句丽，东与挹娄，西与鲜卑接，北有弱水，地方两千里，本秽地也"。

北魏时属勿吉国，"乃旧肃慎国也"。

北齐清河二年（563年）勿吉始称靺鞨。"靺鞨分为七部，有粟末部、伯咄部、安车骨部、拂涅部、号室部、白山部、黑水部"。黑水部以嫩江下游"大黑水"而得名。蒙古语为"郭尔罗斯"即今肇源县之旧称。

唐·圣历三年（698年）三月三十日，唐帝武则天下诏，将靺鞨、契丹、突厥、室韦划为四蕃、肇源县境属之。

唐·开元七年（719年）六月，唐玄宗令黑水靺鞨为"黑水都督府，其下各部置刺使。开元十三年（725年）"置黑水军。贞元年间（785—805年），役属于渤海国，不复与（唐）王会矣。

903年契丹达马狨沙里耶律·阿保机北伐来境。由此，成为契丹人的"戍境内，居境内，居境外"之地。并建有郭尔罗斯猛安、兀速猛安、纥石烈猛安。北府宰相萧思温在今民意乡他什海古城建立头下军州（皇后店），隶属上京道。

金·收国元年（1115年），县境划属西北路。延设郭尔罗斯、雾松（兀速），纥石烈三个猛安。

金·天会八年（1130年），"以太祖兵胜辽，肇基王绩于此"在出河店址建立"肇州"（今茂兴镇勒勒营子古城址），同时在其西北五里的莽海古城建始兴县。初隶属上京路会宁府。海陵时（1149—1160年）"尝为济州友郡"。承安三年（1198年）肇州以"太祖武隆兴之地，升为节镇，军各武兴"。贞祐二年（1214年）肇州置招讨司。

元·至元三十年（1293年）七月，建立肇州（今肇东市四站镇八里城古城），隶属辽阳行省开元路。境内沿置兀速（雾松）、憨哈纳思（郭尔罗斯）、乞里吉思（纥石烈）三个部落。

元·至元三十一年（1294年），罢肇州宣慰司，并入辽东道。

元·元贞元年（1295年），"立肇州屯田万户府，以辽阳行省左丞阿教领其事"。

元·延右三年，"置肇州女真千户所"。

明·嘉靖二十六年（1547年）六月，蒙古武力东移，成吉思汗二弟哈布图·哈萨尔的十六世孙乌巴什·惕那颜驻牧嫩江下游两岸，号所部为"郭尔罗斯"。乌巴什占据郭尔罗斯之地，与古郭尔罗斯人共同生活在此地。

清·顺治五年（1648年）十二月二日，郭尔罗斯部酋长哈布图哈萨尔的十八世孙布木巴被册封为镇国公爵，掌郭尔罗斯后旗扎萨克，此为旗治之始。

光绪三十二年（1906年）设肇州厅，治所设在今肇源城。实行蒙汉分治。

民国初，省以下设置沿袭清制，分为道、府、厅、州、县。1913年1月23日，奉大总统令废府、厅、州，存道、县由厅改县后隶属龙江道，肇州县城设今肇源城，名称肇州，3月20日执行。7月肇东分防厅晋升为县，其境东部为肇东县，西部为肇州县，郭尔罗斯后旗、肇东县、肇州县，蒙汉三个政权并存，继续实行蒙汉分治。民国时期，隶属黑龙江省。

1932年伪县公署因洪水迁到薄荷窝堡，1934年又因洪水迁到"老城基"（今肇州址）。1934年12月1日结束蒙汉分治，1935年郭尔罗斯后旗公署由四站老爷屯迁至肇源城，实行旗制。仍用郭尔罗斯后旗名称，隶属滨江省。

1945年12月20日，民主政府成立。郭尔罗斯后旗隶属嫩江省，省会在齐齐哈尔。隶属哈西专员公署。

1947年2月7日，黑龙江省和嫩江省合并，称黑嫩省，本旗属第四专区，专署驻肇州县。

是年9月17日，撤销黑嫩省，恢复黑龙江省和嫩江省建制，本旗仍属嫩江省。

1949年5月5日，嫩江省与黑龙江省合并为黑龙江省，本旗隶属之。

1954年8月1日，黑龙江省与松花江省合并为黑龙江省，原署各县旗皆属之。

1956年4月11日，经国务院批准，郭尔罗斯后旗政府奉令改称肇源县。此为"肇源县之始"。

1958年8月27日，肇源县隶属松花江专署。

1965年6月14日，松花江专署改为绥化专署，肇源县随属。

1992年12月1日，肇源县由绥化地区划归大庆市管辖。

第二节　地理位置

肇源县位于黑龙江省西南部，嫩江、松花江左岸，松嫩平原腹地。东临肇东市，东南接双城市，南与吉林省松原市隔江相望，西与吉林省镇赉县毗邻，北与杜蒙县接壤。地理位置为北纬45°23′—45°59′，东经123°57′—125°45′。海拔高度122～178米。全县辖区面积4 119.50平方公里。

第三节　行政区划

肇源县辖肇源镇、新站镇、古龙镇、茂兴镇、头台镇、古恰镇、二站镇、三站镇、福兴乡、薄荷台乡、和平乡、超等蒙古族乡、民意乡、义顺蒙古族乡、浩德蒙古族乡、大兴乡等16个乡镇，135个行政村，城镇社区工作站5个。有种畜场、立陡山良种场、经济作物示范场、新立良种示范场、果树示范场、八家河渔场、茂兴湖水产养殖场等农牧渔场7个。

第四节　人口与民族

肇源县是个多民族县份，由汉族、蒙古族、回族、藏族、维吾尔族、苗族、壮族、朝鲜族、满族、瑶族、哈萨克族、达斡尔族、锡伯族、俄罗斯族、鄂温克族、鄂伦春族等22个民族组成。县内有3个蒙古族乡，6个古驿站镇，45.4万人口。

第五节　地形地貌

肇源县地形沿松、嫩两江流域走向，南北狭窄，东西伸长，略呈羊角状。境内东西长143公里，南北最宽处45公里，最窄处13公里。地势较为平坦，西北部较高，东南部较低。全县最高点为海拔175米，最低点为海拔123米。境内江河纵横，泡沼棋布，草原辽阔，田园平整，土地肥沃。

第六节　河流湖泊

肇源县内有松花江、嫩江、八家河、南引等4条主要水系，纵横绵延全县。

松花江：发源于吉林省长白山的白头山天池，其主干流在三岔河处流入肇源境内，流经肇源县茂兴、超等、古恰、肇源镇、二站、薄荷台、三站7个乡镇。在三站镇宏生村处入肇东界，境内流程128.6公里。

嫩江：发源于大兴安岭伊勒库里山，其主干流在富强乡流入肇源境内。流经肇源县古龙、新站、民意、茂兴4个乡镇。在茂兴镇的三岔河处与松花江汇合，境内流程114.3公里。

八家河：位于肇源县内中部，是松花江左侧伸入境内的一条支流。河向由南向北，纵横县内、古恰、头台2个乡镇的14个村屯。流程62.3公里。水面1.5万亩，容量2 500万立方米。

南引水系：位于肇源县境北部，在杜蒙红土山引嫩江水形成的较大农业生产补救水系，也是肇源县最大的开发性生产工程。

水系走向由西向东，由主库区水面、内引开发区水面和库里泡水面组成。流经县内古龙、义顺、浩德、新站、茂兴、大兴、头台、和平、古恰等乡镇。总面积43万亩，对于改善肇源县小区气候有着重要意义。

西湖：是位于肇源县西茂兴镇、民意乡交界处的椭圆形湖泊。纵向东南至西北长10公里，横向西南至东北宽5.5公里。原是自然泡沼，1968年兴建引水工程，1969年蓄满水，现总水面为5.4万亩，蓄水量13 000万立方米，是肇源县最大的养鱼湖泊。

第七节 气 候

肇源县属北温带大陆性季风气候。其特点是春季多风干旱，夏燥多雨集中，秋短气温升降明显，冬长严寒少雪。平均年太阳总辐射量117.6千卡/平方厘米，作物生长季节5—9月，辐射量为65.9千卡/平方厘米，作物生长季节日照总时数1 295.6小时，年日照常为65%，年平均气温4摄氏度。全年有5个月平均气温在0摄氏度以下，每年2月气温开始逐渐上升，7月达峰值，极端最高气温37.3摄氏度，1月为最低点，极端最低气温零下36.2摄氏度。无霜期一般年景平均150天，最高年景218天，最低年景130天，初霜多在9月下旬，终霜多在4月下旬。年平均风速4.5米/秒，最大风速19米/秒。全县历年平均降雨量403毫米，最多年份610毫米，最少年份292毫米，年降水日数平均为81天，多集中在7至8月份。水分年平均蒸发量1 000~1 500毫米。气候能够满足一年一熟的农作物生长发育的需要，但多风干旱不利农业的发展。

第八节 自然资源

肇源县是黑龙江省自然资源较为丰富的县份之一，部分自然资源得天独厚。适于工农业生产的全面发展。

土地资源：全县拥有耕地179.5万亩，占全县总面积的26.3%。土壤构成主要有黑钙土和草甸土。土质肥沃，有利于农作物的生长。全县主要粮食作物有玉米、水稻、高粱、谷子、小麦、荞麦等；经济作物主要有大麻、亚麻、线麻、甜菜、烟叶等，油料作物主要有大豆、葵花、花生、蓖麻、芝麻等。此外，还有薯类、瓜果和各种蔬菜。播种面积较大的作物主要是玉米、水稻、高粱和甜菜。花生、蓖麻在全省占有重要地位。

水产资源：全县总水面为111万亩。在县属水面中，养殖水面32.1万亩，自然捕捞水面59万亩，盛产鱼类6目11科39种，尤以鲤形目鲤种鱼为多。鲤、鲫鱼由于肉鲜味美而驰名。除此之外，还有虾、蚌、爬虫等水生动物和水鸟等。虾以青虾产量较大，年产量在百吨左右；蚌主要有三角帆蚌和褶纹冠蚌，可用于育珠（珍珠），肉可做食用和饲料，壳可做工艺品或饲料添加剂；鳖（又叫甲鱼）肉嫩、味鲜美，具有滋肾补血等作用，整甲可入药；水鸟种类主要有水鸭子、水老鸹、鱼鹰子、鹭鸶等，均具有一定的经济价值。此外，水生植物资源繁多，挺水生植物主要有芦苇、蒲草等，是造纸和编席的主要材料。芦苇面积现已扩大到近10万亩，苇产量可达10 000~15 000吨；蒲草生产面积2 000亩左右，年产量200余吨。浮叶植物主要有茨实、菱角等，全县年产茨实米可达500吨，菱角年生产

100吨左右。

矿产资源：肇源县现已探明的矿藏主要有石油、黄黏土、建筑砂石、盐碱、火硝、地下水等。石油含量丰富，质量好；盐碱已是当地农民的重要副业之一，火硝的产量和质量曾闻名全省；建筑砂石储量十分丰富。部分矿产资源现已开采利用。

野生植物资源：全县有草原面积199.8万亩，羊草年产量可达7 500万公斤左右； 小叶樟在2 500万公斤以上。野生中药材资源丰富，主要有防风、甘草、蒲公英、车前子、玉竹、知母等50余种，蕴藏量在500万公斤左右。

野生动物资源：在草原上和沼泊中有数十种野生动物。其中紫貂、黄鼬、艾虎、狐、貉、麝鼠、鹿等都极为名贵。现部分野生动物已发展到家养。貉、狐、貂饲养比较普遍，已是当地居民的重要副业之一。

第九节　名胜古迹

肇源县在远古时代，曾居住过肃慎、秽貊、靺鞨、契丹、女真等民族。故留有丰富的历史文化遗址。已经发现的遗址、城址、墓葬和建筑有105处。其中省内著名古迹有新石器时代遗址"小拉哈遗址"，青铜器时代的"白金宝文化遗址"和古建筑衍福寺（原称广福寺）双塔。

白金宝遗址：位于民意乡大庙村后二阶台地。遗址所在台地高出水平面30米。西南部平坦处是遗址中心，面积南北长450×400米，耕地表面裸露着陶片、蚌壳等古代遗存。台地南缘的水冲沟剖面上，暴露有较厚的文化层堆积。1974年8月省博物馆首次在遗址发掘开5×5深方六个，总面积150平方米，发现房屋、窑穴和窑址等遗迹并出土一批较为典型、具有地方特色的遗物。1980年省考古队进行第二次发掘，上层绝对年代测定为距今2 900年左右。

白金宝遗址是松嫩平原上第一次正式科学发掘的有代表性的青铜器时期的文化遗址。出土的各类器物群的文化特征鲜明，对研究嫩江中、下游、松花江上中游流域青铜时代的经济面貌、文化特征、社会性质以及族属和渊源关系具有重大意义。

衍福寺双塔：建于清初，距今约三百年，位于民意乡大庙村西部。为喇嘛教覆钵式，砖结构，南向，东西并峙，分别于衍福寺的门前，间距32米。塔高15米，由塔刹、塔身、塔基三部分组成。影壁浑然雄壮，与背后双塔相倚鼎立式，在蓝天绿树映衬下蔚为壮观。

双塔构筑坚实，历数世犹巍峨，经风雨而不衰。且比例匀称，形制古朴敦厚，融汉、满、蒙、藏、民族风格于一体，造型于浑厚中见俊秀，显示了各族工匠的聪明才智和高超的建筑技巧，具有较高的历史艺术价值。1960年和1978年省拨款进行了两次维修，使双塔以象征圣洁的垩白为基调，使之典雅、秀丽。

第十节　道路交通

肇源县境内公路、水路、铁路三路畅达。松花江公路大桥已竣工通车，使肇源成为黑龙江省西南部的大通道，与亚欧大陆桥连接。大庆肇源新港已经建成通航，由大庆肇源新港经佳木斯、同江，一直到俄罗斯的庙街，驶入达旦海峡，直到日本海，"江海联运"成为现实。以大庆肇源新港、松花江公路大桥、嫩江公路大桥为主的"一港、两桥"、三纵五横、村村通的道路交通格局构成完善的交通网络。良好的交通区位优势，使肇源成为大庆、哈尔滨、长春"金三角" 和黑龙江西部大通道上的经贸重镇，参与更广泛的经济大循环。

第二章 积极投身抗日
勇于夺取胜利

第一节 日本帝国主义在肇源犯下的滔天罪行

日本侵略者为达到侵略中国东北的目的，1931年日本在中国沈阳发动震惊中外的"九一八"事变，在伪满洲国傀儡政权建立后，又发布了一系列奴役我国人民的罪恶"法令"，诸如《满洲劳工协和法》《国家总动员法》《劳动统制法》等，1941年9月10日，伪旗公署确定了《劳动新体制要纲》，开始实行全面的奴役和严格的劳动统治，对劳工的征集、分配、管理、流动、工资等进行统筹安排，因此人民以血肉之躯为敌人从事牛马不如的劳役。自1938年开始，每年春秋两季在县内派出大批劳工，背井离乡到矿山、水域、江堤、路段、林区和军事基地做苦役，每期达三四百人。至1945年的八年间派出劳工26期，达13 000多人，有去无回者近五分之一。征集劳工先按区划摊派，富者可雇人顶替。后因战况告急，劳力来源不足，1942年2月9日伪满政府公布了《劳动者紧急就劳规则》，警察汉奸闯入民宅，拦路堵截或假以罪名，强抓硬逼，凑齐人数，"抓劳工"一词由此而得。解送劳工如同罪犯，枪押车囚，打骂兼施，脱逃者当即击毙。到达工地后，住漏雨工棚，睡凉地，蚊蠓、跳蚤、臭虫成灾，一日三餐喝上稀粥为福，多是发霉的高粱米、黑豆面、苞米破子或橡子面。虽在病中也要坚持每日10至13小时的高强度劳动。对重病或导致伤残者则以死亡论处，进行活埋、喂狼狗或砍杀焚尸，惨绝人寰。为去劳工或逃避劳工造成妻离子散、家破人亡者在全县不计其数。

1938年8月22日，伪满政府作出《米谷管理制度要纲》决定，同年11月7日公布《米谷管理法》。自此，粮食购销、加工等均由伪满洲政府控制。1941年春，实行每百公斤预付价款一元的办法与农民签订"出荷"契约，规定最高的"出荷"量，秋后不管丰歉，强迫如数交粮，称之为"先钱政策"。1943年后为推行其《战时紧急经济方策要纲》，开始进行"搜荷"，以"绝对优先地确保军需对日供出"。伪旗公署一年几次组成"出荷督励班"，深入农村家户，进行武力"搜荷"，对交不出粮食的农民拳击脚踢，捆绑吊打，罚跪逼供，搜仓掘窖，倒柜翻箱，随意抓人监禁或罚做苦役；对完不成"搜荷"任务的官吏，也要遭受日本人的毒打。要"出荷粮"成为全县人民的一大灾难。村屯遭受"搜荷"浩劫，鸡犬不宁，民不聊生，啼饥号寒，家徒四壁。"四海无闲田，农夫犹饿死"为当时的真实写照。

第二节　抗日战争时期的肇源——郭尔罗斯后旗

抗日战争时期，肇源是"三肇"抗日根据地之一。

1932年，日本帝国主义侵入东北，建立伪满洲国。是年，松花江洪水泛滥，县城被淹，县政府迁至"老城基"，即现在的肇州县城址。

1933年，将原来县城改称肇源。"肇源"的由来，即是肇州县的发源地，故称"肇源"。因此，在历史上曾并存郭尔罗斯后旗和肇源两个名称。

1935年，日本侵略者为了统治的需要，成立伪郭尔罗斯后旗公署，结束了蒙汉分治的局面。1937年，伪郭尔罗斯后旗公署发布《暂行街村制度》，全旗设置16个街村。

1937年4月，抗联人员徐泽民受党的派遣，到"三肇"地区以组织"道德会"为掩护进行抗日救国活动。

1939年6月后，中共北满省委和抗联十二支队党组织又先后派刘海、张文廉、高吉良到"三肇"地区会同徐泽民秘密筹建党的组织。

第三节　肇源人民在中国共产党领导下的抗日斗争

面对日本侵略者的滔天罪行，从而引发肇源县广大人民群众抗日斗争的风起云涌。肇源县作为"东北抗联"，尤其是"三肇抗联"的重点活动地区，曾经经历了一次次惊心动魄的抗日武装战争；经受了一场场惨不忍睹的蹂躏杀戮；上演了一幕幕可歌可泣的反战抗日大戏；涌现出了一批批抗日仁人志士。

1939年6月，中共北满省委书记金策为了抗日斗争的需要，决定派遣具有做地下工作经验的抗联第三军军事参谋徐泽民同志到"三肇"地区开展地下工作。他的主要任务是发动群众，广泛向人民群众宣传党的抗日救国主张；适时组建当地抗日救国的群众组织和武装力量，为抗联扩大队伍做群众和改造土匪的工作；搜集日伪军的兵力部署情况，为抗联到这一地区活动打前站。

徐泽民来到肇源后，以大东门里路北的道德会为寄身处，以讲道师身份做掩护，秘密从事抗日工作。他首先与党在肇源先期地下工作者《大同日报》社的社长王秉章取得了联系，在王秉章引荐下结识了王化青。接着他们三人就把肇源的抗日斗争秘密地开展了起来。徐泽民首先抓了发动人民群众和秘密组建肇源的抗日救国会组织工作。他利用王化青在县大院里看电锅，工作特殊，联系面广，交友多的便利条件，先后认识了义和永商号老板胡秀民，裕昌源商号掌柜李文堂，绅士人称"诸四爷"的诸振远，警长汽车司机王瑞兴，伪警尉庞振武、郭锡模等。经过一段时间了解后，将这些人先后发展成为肇源抗日救国会会员。在此基础上，成立了肇源抗日救国会组织，会长由王秉章担任，副会长王化青。

县城的抗日救国会组织成立并开展活动后，徐泽民又深入到薄荷台和三站一些村屯。在薄荷台（当时为花尔村）警察分所所长庞振武的全力配合下，入屯入户做群众的动员工作。几个月时间，八家子、后台、二龙山、于秀峰、后羊营子、哈拉海岗子、大老赫窝堡、宫家窑、芳春屯、色王窝堡等二十多个村屯都纷纷成立了抗日救国会组织。这些村屯的救国会会员，少则五六人，多则16人，会员总数达到160人之多。这些抗日救国会组织会员，为地下党组织和抗联部队承担起了搜集日伪行动情况，向人民群众宣传抗日救国道理，除奸反霸，为抗联部队筹集军用物资，配合抗联部队作战，组织青壮年参加抗联，救护抗联伤病员等。县城东郊赵家屯的赵发父子充当日军走狗，勾结日伪官吏，向日伪告密，仗势欺人，为非作歹，群众对此二人恨之入骨。哈拉海岗子救国会4名会员，利用夜晚，在他们家用绳子把赵发父子捆绑后，拉到屯外处置了，群众知道后，无不拍手称快。敖木台战斗后，抗联有两名伤员在江湾不能行动，双龙屯救国会闻讯后，立即派会员罗俊、王希盛前去救护，并将伤员安排到邵家屯网房治伤，伤势稍有好转又将伤员转移到会员李伯和家地下室内治疗，治好伤后送归部队。有一名轻伤员掉了队，于秀峰屯会员李海用马驮着把他送到了部队。色王窝堡屯会员高玉亭先后两次冒着生命危险，到三站大德药房为抗联部队买药送药，还专门请到在敏字村治疗黑伤有专招的名医刘富为伤员治伤。八家子、双龙屯、色王窝堡屯等3个抗日救国会为部队筹集子弹500余发及棉布、棉鞋等物资。八家子、后台、芳春、于秀峰四个村的救国会组织为部队输送了60多名新战士。随后，徐泽民同志几次深入到前葫芦系，作收编抗日义勇军（胡子）的工作，并将其多人争取到了抗联部队中来。

　　1940年2月末，龙江工作委员会成立后，徐泽民根据会议精神，开始侧重抓了为抗联部队扩军工作。徐泽民找到了已经加入抗联的高云峰，高云峰当年36岁，家住在肇州南门外，曾参加过红枪会，与红枪会的上层人物"法师"有来往。经高云峰介绍，徐泽民与在肇州托古村居住的红枪会法师李兴华相识，3人共同协商了建立武术团的问题。李兴华对组建武术团很积极，表示马上组织。经李兴华介绍，徐泽民与在肇源的黄枪会法师尚希盛取得联系。尚希盛当年55岁，家住肇源维新村，1940年4月，经李明树介绍参加抗日救国会。按照龙江工委的指示，徐泽民与李兴华、尚希盛等开始组织武术团。龙江工委遂以抗联第三路军总指挥部的名义委任李兴华为肇州武术团团长，尚希盛为肇源武术团团长。这两个武术团都以练武防身的名义发展组织，秘密建成抗日武装。徐泽民还同高云峰一起对绿林武装进行收编工作，通过关系找到了扶余境内与绿林武装有密切联系的于海山，成功地收编了"双侠"和"九山"两股绺子，共40余人，组织了游击第一大队，于海山任大队长。

　　1940年8月14日，按照中共北满省委和抗联第三路军总部的部署，十二支队70余人在支队长戴鸿宾、政治委员许亨植的带领下，从安邦河密营地出发，凭借"青纱帐"掩护，路经庆安、绥化、横渡呼兰河，跨过中东路，跳出敌人包围圈，来到"三肇"地区。9月上旬，十二支队在同徐泽民收编的队伍汇合后，决定趁敌不备，巧取肇州县第二大集镇——丰乐镇。

十二支队取得西征首战胜利后，撤到丰乐镇南30里的徐四万屯一带进行休整，这时支队领导得知龙江工委书记张文廉被捕的消息。张文廉被拘押在肇东昌五镇，为了营救被捕的同志，进一步扩大战果，部队决定袭击昌五镇。当部队开到昌五镇跟前时，一看敌人戒备森严，驻有重兵，临时决定改打肇东宋站的日本开拓团。结果，这次战斗失利。政治委员许亨植带领十几名战士突围后，辗转回到第三路军指挥部，支队长戴鸿宾负伤后离开了队伍。剩下的人员，由副支队长升任代理支队长的徐泽民和十二支队党委书记兼36大队教导员韩玉书两名同志带领来到肇源县东部活动。

十二支队来到肇源县的三站一带后，对部队进行了休整，同时收编绿林武装，号召当地青壮年参军。经过休整扩编，部队扩大了80余人，恢复了元气。于是徐泽民和韩玉书等又开始筹划新的活动。这时，肇源城的抗日救国会会长王秉章派人找到徐泽民，说肇源城内防卫空虚，城内救国会员已经联络好了一些人，建议十二支队趁此机会攻打肇源城。徐泽民等支队领导认真研究了敌情，决定趁敌不备袭击肇源城。

1940年10月5日，抗联十二支队出发攻打肇源城，代理支队长徐泽民提前化装进城侦察，并与抗日救国会联系攻城事宜。部队由十二支队党委书记兼36大队教导员韩玉书带领向肇源方向进发。没等接近县城，却发生了二站敖木台遭遇战。当天晚上，老天突然下起了雨，天黑路滑影响了部队行军的速度，部队赶到距县城18里的敖木台时，天快亮了。韩玉书看到没法按计划执行了，决定停止前进，在敖木台屯隐蔽一天再说。敖木台是由东、西两个自然屯组成，中间相距不足半公里，十二支队的两个大队分别宿营在这两个屯。天亮以后，韩玉书发现这里的地势不好，屯子南边紧挨松花江堤、屯子北边约一公里的地方，是一条贯通"三肇"地区，通往哈尔滨的公路。由于屯子地势低，岗哨瞭望不出去。这些不利条件，给队伍的安全带来了威胁，光天化日之下，队伍还不能转移。韩玉书只好命令部队，一方面加强警戒，另一方面随时做好战斗准备。

果然不出所料，早饭刚刚吃过，34大队派出在东屯堤外的岗哨就发现了日伪巡逻队。日军不知道屯中住着抗联队伍，因而毫无戒备，一个日军头目和两个随从骑着马耀武扬威地进了屯子，后面还有30余人尾随其后向屯中窜来。这时大队长王殿阁和教导员吴世英一看不好，隐蔽的部队马上就要暴露了，立即先发制人，开枪把骑马的3个敌人打下了马，日军知道碰上了抗联队伍，立即占领了南江堤。抗联部队也迅速散开，占据了屯中的各种建筑物、障碍物，双方进入战斗状态。

日军首先发起进攻，抗联战士沉着应战，给予坚决的回击，打了一上午，敌我双方相持不下。下午日军从公路运来了大批援军，炮兵也来了。炮兵一到，便大发淫威，疯狂地向敖木台东西两屯猛烈轰击。每当一发炮弹落到屯子里的时候，只见一股浓烟滚起，土块里夹杂着房屋的木板块到处乱飞，顷刻间一个规整的屯子被炸得七零八落，大人、孩子的喊叫声、哭骂声连成了一片儿。战士们目睹燃烧的柴草垛和房屋，大哭大喊的群众，全都红了眼，拼命要同敌人血战到底。但因敌人的火力太猛，敌强我弱，寡不敌众，我军伤亡很大。34大队大队长王殿阁壮烈牺牲，教导员吴世英受了重伤。张瑞麟同吴世英商量后，决定向西屯转移，两个大队会合，以便集中力量统一行动。在向西屯转移时，敌人的炮火始终跟踪他们射击，又增加了部队的伤亡。

张瑞麟挽扶着吴世英走到西屯东边的小庙附近时，吴世英实在支持不住，刚要坐下来休息，一颗罪恶的炮弹在他身边爆炸，吴世英当即牺牲，张瑞麟被一块弹片穿透了棉衣，将左肋炸伤，左手大拇指也被炸坏，鲜血从伤口流了出来。这时张瑞麟顾不得已经牺牲的吴世英，也不管自己的伤痛，赶紧跑去找韩玉书。找到后，张瑞麟简单报告了34大队王殿阁、吴世英先后牺牲和整个队伍的伤亡情况，并请他统一指挥两个大队人员。韩玉书听完了汇报，马上指挥十二支队所剩人员从日军兵力薄弱的缺口向江堤外西南方向突围。

江堤外东西两面的敌人，凭借有利地形向突围的战士们猛烈射击。敌人用炮火尾追着他们打，使他们处于一面临水，三面受敌的危险境地。轻重伤员不断增加，情况万分危急。这时张瑞麟听韩玉书大声呼喊："张同志，你负责带领伤病员从水泡子向南撤，我和关大队长掩护你们！"张瑞麟马上执行韩玉书的命令，全力呼喊有伤的战士随他向南撤退。仗越打越艰苦，终因敌强我弱、寡不敌众，绝大多数同志先后壮烈牺牲，韩玉书也在掩护战友撤退时倒了下去，为革命献出了自己宝贵的生命。

张瑞麟等人撤退时经过的泡子水很深，深处都没了人的脖梗，浅处也超过了腰。伤员们带着武器，穿着棉衣踏进水中，衣服很快被水浸透，水凉得透心彻骨，伤口被水一泡，更使人格外地疼。被水浸透的棉衣，给每个人身上增加了几倍的重量，缠在身上十分难受。水里长着一米多高的水草，走起来直绊脚，泡底有一尺多深的淤泥，像要把住人的两条腿一样，每前进一步都要消耗很大的力气。

敌人见抗联部队撤退，就更加有恃无恐地向张瑞麟等伤员撤退的水泡子里射击。天黑下来后，敌人看不见抗联战士的人影了，以为这些人都被他们全部消灭在泡子里，炮火才渐渐停了下来。多亏水泡子里的水草遮挡掩护，这些伤员才没有牺牲。余下的人撤到了泡子南沿，张瑞麟一点人数，只剩下18名同志。这时伤痛、饥饿、劳累一齐向他们袭来，每个人一坐在地上就不想站起来。但大家清楚，还没有脱离危险到达安全的地方，必须向前行进转移。也就在这个时候，有三位同志因伤势过重、流血过多停止了呼吸，大家含泪无奈地向牺牲的战友作最后的告别。这时张瑞麟想，这么多伤员现在向哪去呢？他往前看了看，看到江边远处有一幢影影绰绰的渔房子，眼下这可是最好的去处了。剩余的15位抗联同志就互相鼓励着、搀扶着、拖着负伤的身体和湿漉漉的行装，忍饥忍痛、艰难地一步一步地向那里挪去。

敖木台这场战斗，是抗联十二支队征战"三肇"地区以后，最为激烈，最为悲壮的一次战斗。在东北抗日联军的征战史册上，留下了光辉灿烂的一页。在敌强我弱、敌众我寡的情况下，部队付出了巨大的代价，十二支队党委书记兼36大队教导员韩玉书、34大队教导员吴世英、大队长王殿阁、36大队长关秀岩等44名官兵壮烈牺牲，张瑞麟等20多人负伤。日军方面伤亡更为惨重，死伤200余人，死的人被装了11辆大卡车往哈尔滨方向拉走了。

敖木台战斗后，张瑞麟等带领14名伤员历经数次风险，沿着松花江辗转来到肇源县三站镇东南一个叫管泡子的鱼亮子。一边养伤一边派出中队指导员钮景芳和熟悉本地情况刚参加队伍不久的李桂林到附近寻找反日救国会组织和徐泽民同志。当钮景芳和李桂林来到距三站不远肇州石家粉房，跟当地反日救国会联系上后不久，反日救国会很快就找到了徐泽民同志，徐泽民没两天就同钮景芳和李桂林见了面。徐泽民对他俩说："自敖木台战斗以后，党组织一刻也没忘记突围出去的同志们，当地反日救国会派出了许多人到处寻找你们。在敖木台临近的几个屯子找到了十几位突围出去后被老百姓隐藏起来的伤员，这回又知道了你们那还有15 名同志，这下咱们就有30来人了。"徐泽民接着说："当地反日救国会给我们的帮助太大了，他们不但请到当地专治'黑伤'的名医刘富给咱们伤员治好了伤，还动员群众参军参战，有一些青年积极要求加入咱们队伍呢，这里的人们抗日热情很高，形势很好。"徐泽民最后说："现在敌人兵力已全部撤离了这一地区，可能以为我们已被他们消灭了，或者认为对他们构不成威胁了。我们要利用敌人放松警惕、麻痹大意这一点，迅速做好准备，争取尽快攻打肇源城。"

十二支队攻取肇源城的计划重新确定之后，遇到的首要问题是兵力不足，这时十二支队共有队员30人左右，长短枪19支，以这样微薄的兵力攻打一个县城，成功的把握不大。于是龙江工委派人与十二支队派的张相龙到肇源沿江一带，与艾青山领导的抗日武装取得了联系，将其队伍改编十二支队34大队的一个中队。

1940年11月6日傍晚，张瑞麟、鈕景芳接到徐泽民同志的通知，要求他们迅速赶到三站哈拉乎雪大庙（福田寺）集合。当部队都集合到哈拉乎雪大庙后，第二天就开始向肇源县城进发。天还没亮，就赶到了位于肇源城北，离县城8华里的蒙古屯"大拉嘎"，按原计划在这里宿了营。因为要在这里隐蔽到夜间才能攻城，所以部队进屯后一点消息也不能走漏，如跑漏一点风就会影响整个战斗计划。为此，到达"大拉嘎"后立即将全屯封锁起来，一切过往行人许进不许出，将全屯的老百姓男女分开集中，由战士看着。同时派出3名侦察员，化装后潜入肇源县城，一来和抗日救国会的领导同志取得联系，二来进一步侦察敌情。

傍晚，侦察员回来了，他们把和王秉章、王化清接头的情况报告给了徐泽民说，现在城里有伪武装警察队200余人，都住旗公署院内。今天，日伪军召开了"三肇地区剿匪祝捷大会"，除肇源、肇州、肇东三县的日军参事官、指导官参加外，还有伪滨江省、哈尔滨第四军管区、哈尔滨铁路局的代表参加。在会上，日本人大吹大擂"皇军"的"丰功伟绩"，敖木台一仗就将"三肇"一带的抗日队伍全部消灭，"王道，乐土"在这里实现了，"国民"可以安居乐业了。支队领导根据侦察得到的情况，开始确定攻城的具体作战方案。考虑到部队人少，新老战士加一块还不如敌人兵力的一半多，武器少，又没一件重武器，敌我力量相当悬殊。敌人占据着4个城门，如从城门正面强攻，困难很多，很难奏效。所以只能避实就虚，选择离旗公署最近的路线，从县城西南角，没住户全是菜地的地方摸进城，直捣旗公署。大家全都同意这个打法，接着分头准备了绳子和铁钩，在爬城壕时候用，并约定不管谁先进城都不要先动手，待大家全部进城后再一齐按各自分工向敌人发起攻击。

1940年11月8日，这天是入冬以来少有的坏天气，风刮得很大，还不停地下着雨和雪。雨和雪随下随结冻，到了晚上，所有的树木、电线杆子都挂上了厚厚的冰挂，有的树枝被冰雪压断掉在地上，有的电话线被压断了耷拉着。晚上8时左右，支队全体抗联战士迎着刺骨的寒风，在溜滑的路面上向肇源城南跑步前进。路上，大家看到有些群众顶风冒雪在扒桥、破坏道路，都知道是抗日救国会组织群众，配合抗联部队行动，以便阻碍敌人援军的前进速度。快到县城跟前时，只见黑暗中有四五个人影向队伍这边跑来，原来是城里抗日救国会的负责人王秉章、王化青等人接应来了。他们向徐泽民汇报了今晚城里的情况，说原来掌握的情况没有任何变化，现在整个肇源城静悄悄的，敌人的"祝捷大会"开完后，宴席就摆上了，日军、汉奸的头目们都喝得酩酊大醉，正在睡觉做美梦呢。

10时左右，徐泽民同志下达了出击命令，战士们迅速翻过城壕，一齐迅速靠近了旗公署。敌人哨兵发现有人，就高声地喊："口令！"抗联战士也没管哨兵的口令不口令，几乎就在话音刚落下的同时，哨兵还没明白怎么回事就被结果了。战士们按照事前分工，在抗日救国会的引领下，迅速冲进院内，王秉章带领张瑞麟等包围伪武装警察队宿舍，王化青带领徐泽民等攻打日本人军官宿舍。张瑞麟、王秉章这组同志首先得手，他们包围了伪武装警察队宿舍后，把所有房门统统卡住，并放了一阵排枪，先镇住敌人，然后战士们向屋里喊话："警察同胞们听着！我们是抗日联军！中国人不打中国人，缴枪不杀！快投降吧！"刚刚从睡梦中惊醒的伪警察们，一听到枪声和喊话，都蒙了。在一阵慌乱后，就先把武器和子弹从窗户扔了出来。有了样子，其他人也跟着往外扔了起来。警察宿舍解决后，张瑞麟安排几名战士看着这些人，将其他人分成4个小组去分别解决4个城门的警察。

徐泽民和王化青这组战斗进展得也十分顺利。他们首先解决了日本军官宿舍里的省警务厅警正田中武夫等日军，接着击毙了已经调往大赉县任职尚未赴任的副参事官东荣作。这天东荣作以极为兴奋的心情，参加了有警方上峰光临的庆功宴会，酒后睡得正香时，被枪声惊醒，他穿着睡衣，怒气冲冲地提着一把日本战刀奔出屋外。刚到前院，只听一声喝问："谁？"东荣作答道："我是副参事官！"这时对方开了枪，一颗子弹就将他击毙了。

天亮了，肇源县城满街都是人，大家欢天喜地地庆祝抗日联军解放肇源。这天上午，也是在十字街，日本人前一天召开"祝捷"大会的地方，抗联也在此召开了祝捷大会，群众从四面八方聚集到这里。大会开始后，张瑞麟同志站在敌人修筑的一座工事上边，在热烈的掌声、欢呼声中，代表抗联队伍讲了话。

抗联部队解放肇源城的重大胜利，轰动了整个伪满，给日本侵略者以沉重打击。同时也极大地鼓舞了抗联战士和广大人民群众。这次战斗击毙9名日本侵略者，缴了伪警察大队全体人员的械，缴获手步枪310支、轻重机枪3挺、子弹4万发、军马140匹、载重汽车2辆，还有衣服、食品和药品等大量物资。夜袭肇源城后，使抗联十二支队从40多人，一下子扩大到240多人，并且由步兵部队变成了更有战斗力的骑兵部队。

　　11月9日，部队撤离肇源城后，挥师西行。当天下午打下了头台村（头台镇），把伪村公所和警察所缴了械，击毙了日本技士前原一勇，抓获了伪警察所护医日本大夫。队伍在头台村吃过了晚饭继续前进，当晚行至杨木窝棚宿了营。第二天一早，徐泽民同志就把张瑞麟、鈕景芳等骨干找在了一起。他说："别看我们取得了夜袭肇源城的胜利，队伍的人多了，步兵也成了骑兵，但我们还是在敌人统治区里活动，敌人不会甘心肇源城的失败，他们必定调兵遣将迫剿我们，我们以后必将面临频繁的转移和连续不断的战斗，随时都可能出现意想不到的情况。因此，必须马上整编部队，明确建制和组织。"参加研究的人都同意徐泽民的想法和意见，接着就召开了整编动员大会。

　　徐泽民同志宣布，部队设立三个大队。第一大队全部由新战士组成，大队长由王秉章同志担任；第二大队以原十二支队的老战士为骨干，又补充了一些新战士，大队长由原36大队的杨德山中队长担任，鈕景芳同志任大队教导员；第三大队全是新战士，大队长由艾青山担任。李忠孝为支队参谋长，张相龙为支队副官，张瑞麟担任支队政治部兼宣传部主任。

　　整编后，由于十二支队连续袭击敌人，使日伪当局惊恐不安，急忙调集大批日伪军警组成"讨伐"队，实行"追剿"。十二支队采取灵活机动的游击战术。避开敌人主力，发现其弱点就进行袭击。先后打下了肇州托古村公所、古龙村公所、肇州启明村公所和警察分驻所、大赉县五棵树警察署、安达兴亚农场等。敌人"讨伐"了一个多月时间，始终无法断定十二支队的去向，东寻西找，疲于奔命，一无所获。不得不承认，十二支队袭击肇源后，滨江省西部地区完全成为抗联活动地区。

1940年11底，十二支队接到第三路军总指挥部的命令，要求部队撤回山里与总指挥部汇合。当时十二支队大多数领导同意执行这个命令。可是作为支队主要领导的徐泽民同志不同意这么办。他提出部队回山里之前应该再打两个大胜仗，实力进一步增强后再班师回去。根据徐泽民的意见，部队制定了新的作战计划，决定近期攻打吉林省扶余县城。

12月末，松花江已经封冻，部队过了江就开始向扶余县城接近。当队伍到达县城附近的长春岭镇时，突然发现了一股三百多人的日军骑兵。很显然这是冲着十二支队来的，这表明敌人早已有了防备。从表面看，十二支队和前面的敌人同叫骑兵，但敌人武装精良，受过系统的正规训练。抗联的骑兵没有经过一天训练，属于从肇源拉出来骑上马就算骑兵了。徐泽民一看不好，放弃了攻打扶余县城的计划，立即回师向东山里转移。

疯狂的敌人骑兵队伍如饿狼扑食一样，步步向十二支队紧逼，我们的队伍本不打算和敌人打遭遇战，昼夜不停地往回撤。可是敌人却紧紧咬住不放，几乎是你前脚走他们后脚就到，有时不得已就得打一仗。偏巧在部队从长春岭撤回松花江，路过薄荷台大门赫家向北行进时，出现了这样一幕。

12月26日那天，伪滨江省警备厅理事官渡边政雄带领三卡车日伪军，从肇源出发奉命到薄荷台执行一是阻截抗联队伍，二是搜捕当地抗日救国会会员的任务。他们来到薄荷台后，渡边政雄命令装有伪警察特务的那辆卡车去各屯按名单搜捕抗日救国会会员。自带剩下的两辆满载日本警察的卡车去薄荷台乡大门赫家

（今哈拉海村）去"围剿"抗日联军。到大门赫家后，他叫车停下来，气冲冲地让翻译向路上的行人询问："抗联在何处？"路上的行人说："抗联马队刚从南坝往北走了。"渡边政雄来到屯南，登上了地主家的土粪堆，端起望远镜向坝外眺望。突然，只听"砰"的一声枪响，这个双手沾满中国人民鲜血的罪恶敌人应声倒在粪堆上，脑袋开了花。击毙渡边政雄的是抗联十二支队36大队二中队长高云峰。原来因为要解手，他和儿子高玉林就落在了队伍的后面。儿子牵着两匹马，听到了坝里的汽车声，就急忙告诉他说："爸，敌人来了。"高云峰急忙穿好裤子，趴在大坝上一看，见屯前粪堆上站着个身穿黄军服的日本官，正端着望远镜往这边看。他便瞄准望远镜就是一枪，那个日本军官应声栽倒，得到了应有的惩罚。身后的敌人立刻围了上去，乱作一团，有的胡乱向南打枪，有的赶忙抬着渡边政雄往卡车上装。这时高云峰、高玉林爷俩从容上了马，快马加鞭地追赶队伍去了。

第四节　发生在肇源的抗日斗争重大事件

一、肇源三大惨案

抗日战争期间，日伪在"三肇"地区制造了一系列重大惨案。其中，肇源三大惨案是"三肇"惨案的主要部分，一是1940年11月9日下午，抗联十二支队打下肇源撤走后，驻在哈尔滨的日军头目就知道了肇源出了事，大为惊恐。派出飞机到肇源上空侦察，如若发生"民变"，他们就要将肇源城全部炸毁。飞机在肇源城上空兜了几圈后，看到商店正常营业，街上行人不断，各种车辆行进有序，认定不是"民变"，肇源县城才没有毁于日本人飞机轰炸。日军随后从肇州、哈市分别派兵进入肇源，当天就刀劈枪杀城内群众几十人。二是1941年1月9日，日军将肇源反日救国会副会长王化清、会员花尔村（薄合台）警察分驻所所长庞振武、会员义和永商号老板胡秀民等共19名爱国志士，用汽车拉到三站镇李家围子屯南的松花江边，推进冰窟窿里残忍地杀害了。日本人为了不留活口，就把窜冰窟窿的陈显、杨聋子也都推了进去。三是1941年3月24日，日伪军在肇源城外西北、代龙村东南大沟内枪杀了42名群众，其中张振雨等四人被割下了头，分别挂在县城的四个门楼上示众。没有被枪打死的人，身上被浇上汽油用火活活地烧死，其状惨不忍睹。日军不允许遇害人的家属收尸，任凭附近的野狗啃咬。

二、茂兴妇女集体卧轨

为了满足日军侵华战争的需求，足额征购"出荷粮"，伪满洲国政府秉承日本主子的旨意，于1939年10月17日和11月2日、7日，短短的20天时间，先后颁布了《重要特产物专管法》《主要粮谷统制法》和《小麦粉专卖法》，以立法的形式推行掠夺农民粮食的罪恶法令。郭尔罗斯后旗催缴出荷粮，使农民食不果腹，衣不遮体，过着暗无天日的生活。

1940年，曾一度出台激励政策给农民配发奖金。伪旗公署深入到全旗16个街村、各个区划去，按其耕种的土地面积签订"出荷契约"也就是合同。所以，群众对"出荷粮"也称奖白粮，到了1943年，对缴纳"出荷粮"的农户配给棉花和棉纱，并形成了制度。由于战乱年代"征兵、抓劳工、勤劳奉仕、征军马"加上"风、虫、雹、旱、涝"等自然灾害的影响，土地歉收，粮食减产，致使许多农户交上"出荷粮"，就捧上了空饭碗。甚至有的农民无力缴纳"出荷粮"。

　　伪郭尔罗斯后旗旗长达瓦和日本参事官儿西崇赤膊上阵，组织伪警察和职员成立了"搜荷督励班"，逐门逐户地催逼农户交粮，还动手搜粮。这些下乡"搜荷"的伪官公吏要是完不成任务，日本人就要张手打人，开口骂人。开拓科职员包交勤不会逼迫农民交"出荷粮"，开拓股长白尾国弘拳脚相加的一顿暴打；伪警务科长关奇绥把一个农民打得鼻青脸肿；伪警察王志斌竟把一名孕妇打流产而死。农民被"出荷粮"搜刮光了粮食，只好相互帮衬，养家糊口，更为感人的一幕上演了。1942年6月2日，茂兴驿站四百多名贫苦的农家妇女怀着对日本侵略者的深仇大恨，自发地联合起来，参加反压迫、反饥饿斗争。她们将日伪三泰栈八车粮食封住，不让运走给日本侵略者吃。她们忍饥挨饿，携手并肩挡住运粮车去路。押车人软硬兼施也没能驱散这400名妇女。她们齐刷刷地横卧在道上，使想要冲过去的粮车寸步难行，双方僵持13个小时之久。押车人搬来警察才将这些妇女强行驱散。虽然这八车粮食没有被抢走，但这是农民反饥饿、反列强的反抗精神的充分展现。

三、李海青奋起驱敌寇

　　李海青是东北义勇军名将之一。东北义勇军是"九一八"事变后，东北三省沦陷初期，以东北军部分官兵为基础包括有工人、农民、学生以及各地民团、保安队、警察、大刀会、红枪会、反日山林队等自发组织的抗日武装力量。人数最多时曾达到30万人，活动地区遍及整个东北。东北义勇军的兴起，有力地打击了日本帝国主义的侵略野心，激发了全国人民的抗日意志，并且及时地在全世界人民面前揭穿了日本帝国主义伪造民意、树立伪满傀偏政权的阴谋。因此，东北义勇军曾经受到全国人民的拥护和支持，并且得到全世界人民的尊敬和爱戴。

　　李海青原名李青年，又名李忠义，号丹忱，海青系其草莽别字。1896年出生于肇源县大官乡瓦岗寨屯一户贫穷农民家庭。七岁时因屯中闹瘟疫，父母传染后不幸身亡，由其二叔将他抚养成人。读过六年私塾，接着给地主范明尧放马，学过一年的瓦匠，后又到头台李木匠铺做工。1915年到吉林省扶余县东园子一带种地。不久，投身绿林，后又当了胡子头领，由于在"海青窝堡"揭竿而起，以名鹰海东青报号"海青"，聚众拉帮人伙数百人，活动于松嫩两江流域，官府当时因无力对其清剿，任其发展壮大，名震吉黑两省。

　　1925年，黑龙江省督军兼省长吴俊生了解到李海青绺子不同俗匪，念其有忠义之举，将其招抚，委以营长。劝其改为"忠义"。而李海青仍以"海青"称之。1928年6月，吴俊生在皇姑屯被日本炸死后，东北边防驻龙江省副司令兼省政府主席万福麟整顿军队纪律时，李海青因犯有人命案被捕下狱。"九一八"事变不久，万福麟身在北京，龙江省群龙无首，只得调第三步兵旅旅长马占山（当时驻黑河）为龙江省代主席。马站山就任伊始，获悉李海青有抗日报国之志，又远近闻名，且自己又感兵力不足需扩充人马。特亲赴牢房探视，并将李海青释放，官复原职。李海青出狱后，回到家乡变卖财产、招旧部、集壮士、举义旗，仅数日就聚集5 000余众。马占山为此高兴，任命李海青为别动队总队长。1931年11月3日—6日，李海青所部参加了著名的嫩江江桥战斗，此役是"九一八"事变以来，日军伤亡最重，在国内外影响最大的一次战役。滨本步兵联队几乎完全被歼灭，高波骑兵队死伤殆尽，李海青因战功卓著得以晋升旅长职务。而后递任第三路东北民众自卫军司令。1932年初，李海青部已发展到2万多人，其中有近1 000名学生。中国共产党为了争取李海青，让其坚持抗日，吉林扶余党的组织特向李海青部队派去了五名同志。

　　1932年2月16日，马占山与日军妥协，乘机飞赴沈阳，出席日本人主持召开的有张景惠、臧式毅、熙洽参加成立"满洲国"的四巨头会议，这次会议是筹建伪满洲国会议，会上起草了伪满洲国"建国宣言"，马占山虽然未在宣言上签字，但接受了任伪满洲国军政部长之职。会后返回齐齐哈尔任伪龙江省省长。这个时候马占山明面上为日本人当差，暗地里打击日伪政权。马占山秘密召集李海青和张锡五（出身绿林，报字"天照应"）嘱2人哗变，先将李海青和张锡五抓了起来，关进监狱，并骂其息慢军令，贻误战机。后又暗放他俩令其带领本部人马冲出省城南下，开赴"三肇"地区及扶余一带进行抗日活动。

　　同年3月2日，李海青和张锡五率部在肇源二站、薄荷台、三站等地整训，并攻占郭后旗府所在地老爷屯。后携带轻重武器分乘3辆汽车、30余辆大车，超过松花江开赴扶余的镰刀湾、陈马架、长发屯再经长春岭、弓棚子向中东铁路挺进。

　　李海青南下吉林，计以诈降手段接近长春，目的是劫持溥仪，破坏日伪建立伪满洲国。没达到长春岭就派人去长春同日伪商洽事宜，日识破李海青诈降。李海青于是高张抗日义旗，将其部队改换名称，叫东北民众自卫军，自任总司令。就在那年，苏炳文、张殿九等于海拉尔誓师，实行抗日救国，苏炳文任副总司令，谢珂任总参谋长，联名通电国内外，揭露日军侵略暴行，誓与其战斗到底。后率部经万发、社里、中官地、善友屯等地直奔扶余县城而来。沿途号召抗日救亡，群情激愤，各界人士纷纷来归，大小股匪降顺，队伍迅速扩大到万人之多。

　　3月28日，李海青和张殿九决定攻打伪满首都新京（长春）门户农安县城，部队从南、西、北三面围攻农安，日伪派炮兵、骑兵、混合步兵及铁道独立守备队驰援农安，飞机也由沈阳、敦化而来，向自卫军投弹扫射。29日午后3时，日驻农安领事馆及警察队在炮火掩护下，乘装甲车冲出县城逃往窑门。此时，日伪报纸惊呼："农安危急！"并宣称"李海青已与共党谋合"。30日，李海青部队截获从长春、铁岭赶来的日军清北支队及汉奸张海鹏部运给农安的大量军用武器，并将其阻在外围。4月2日，援农安之敌已集结兵力4万余人，向围城自卫军发起攻击。此刻，李海青恰接到扶余留守司令马广富急函，内称日军和张海鹏部队已兵分两路行动，一路援助农安，另路绕道直取扶余县城，意在绝自卫军归路，使其腹背受敌而歼灭。李海青当即下令撤军。4月3日，李海青部队回师扶余，并在运动中击退来犯之敌。李海青、张殿九率部虽未攻破农安县城，却给予刚开过"建国盛典"的日伪政权以迎头痛击。

4月中旬，李海青获悉马占山已返黑河，重举抗日义旗，便令自卫军第八团韩福元固守扶余县城，自率主力复返龙江。5月5日，亲领万余人从下岱吉渡江北上，并发表"唯马占山主席之命是从"的渡江宣言。7日李海青进入二站、薄荷台、茶棚一带，8日晚攻克肇州（今肇源城），释放了所有在押犯人，收缴了伪警察的所有枪支、弹药和税捐款，随即派部分部队去老城基（今肇州城）和丰乐镇收缴枪支、弹药和税捐款。此时，李海青前锋部队已逼近昌五（肇东）、对青山。

5月15日早3时许，李海青部队开始进攻昌五，昌五有屠团50多人固守，日军派飞机反复轰炸攻城部队。但由于李海青身先士卒，直捣敌阵，24日就将昌五（肇东）攻破，将伪县长程汝霖、行政科长吴鸿仪抓获处决，接着又相继收复满沟（今肇东）、对青山。为助邓文等部队松浦抗战，李海青命其部队进入对青山隔江伏击敌人，以牵制分散敌人兵力。关东军司令官本庄繁亲临战阵，唯恐李海青部队与邓文、柴鸿猷等部会师，联合李杜、冯占海部围攻哈埠，便一面命令松本支队由东向西进攻李海青部主力；一面命令张海鹏部协同伪吉林警备司令吉兴部刘坤旅包抄驻守扶余县的韩福元部。5月下旬，肇东、扶余两地分别发生激战，5月24日，扶余县城被攻陷，韩福元兵败投降。5月25日，李海青部队主力与松本支队血战于肇东，日军九架飞机参战。李海青亲临前线指挥作战，不幸被敌机炸伤腰部。26日为避开日军锐气率部向西转移，进至肇源古恰、超等、民意一带休整。

5月30日，日军27旅团来肇源寻机与李海青部队交战。李海青避敌不战，率部由丰乐越中东铁路向青岗、望奎、海伦进发。6月2日，与柴鸿猷部会师于兰西十间房一带，并恢复了与马占山将军的联系。6月上旬东北义勇军张庆禄部攻克庆安城，李海青与张庆禄密议，约其攻绥棱，李海青夺取绥化。未及行动，马占山东征经兰西，于是在28日检阅了李海青的部队。见到李海青部队有战士千余人，大部分人有枪，士气很高，遂任命李海青为第三军军长，张锡五为副军长。令李海青率部队驻扎中东路两侧，破坏洮昂路交通，伺机进攻省城。张锡五率队一部与大赉抗日武装德胜部联合，破坏嫩江铁路，断敌交通要道，此时，李海青部队又扩至万余众。8月初，李海青轻信敌伪谣传，说马占已经战死，悲愤异常。为给马占山报仇，也为了报答马占山的知遇之恩，李海青一改东路两侧伏击为游击，冒险进攻省城。李海青率部2 000余众，一举夺下昂昂溪车站，站中守敌败回省城。日伪军迅速召集起6 000余人，在飞机大炮的配合下向李海青部队反攻。经过血战三昼夜，李海青部人疲弹尽退出昂昂溪车站。这时恰遭大雨，退路被敌人切断。为了突出重围，李海青部付出了惨重代价，造成了大量伤亡后，才得以摆脱敌人，李海青遂率残部撤到肇源境内休整。

1932年8月28日，李海青和张锡五率部攻克安达县城。不久接到黑河临时省政府通知，告知马占山仍健在，并令其配合四路之兵在南部攻取齐齐哈尔市。李海青获此消息极为振奋，在得到张殿九旅武装弹药补充后，率部2 000余人复攻昂昂溪。9月24日、25日激战两昼夜，使守敌逃归省城。敌杉木师团与齐市守备部队及伪军一部共1万余人倾城出动，将李海青部围困于车站附近。李海青部浴血突围，毙敌不计其数，退至大兴、前后官地一带又与松田骑兵和中山支队遭遇，再次苦战，伤亡500余人。10月下旬，李海青部与邓文、霍刚、谭自新等部配合，战于安达、兰西、青岗一带，致敌惶恐无措。随后，李海青转战向西，为补充兵力，沿途招降大小股匪。12月9日，再次进入肇源境内，于茂兴、超等（新宿）一带整训，因收降人员成分复杂，有些恶习不改，造成多起骚扰掠夺百姓行为，故当地群众传"闹海青"之说。

李海青部队这次在肇源整编后，即西渡嫩江攻下大赉城，12月20日收复安广。1933年1月，李海青部开赴热河省开鲁地区，并参加了著名的热河保卫战。热河战斗失利后，李海青率部入关。由于国民党政府不承认这支队伍，使得这支队伍粮饷无着落，时值盛夏，战士身披羊皮，被当地人称之为"毛人队"，历经多次周折，5月24日，部队正式编入冯玉祥将军组织的同盟军，李海青被任命为北路军副指挥。6月22日，李海青率部直捣沽源和同盟军吉鸿昌、邓文军部收复康宝、宝昌及察北重镇多伦。8月冯玉祥将军被日蒋逼下野。10月李海青部被编入宋哲元的39军骑兵24旅，李海青为少校旅长。李海青当时对此很反感，随即解职后，还遭羁押4个月之久。1934年10月李海清被释放，士兵多退伍自谋生路，看到自己愿望难以实现，便去职携眷闲居北平，1935年又移居南京。1936年西安事变后欲集旧部东山再起，一日在家砸锅扒灶，有人问他，李海青答："我要重起炉灶。"尔后，只身赶赴东北，聚众千余人。1937年8月，部队出了叛徒，李海青同叛徒搏斗中，不幸中弹而壮烈牺牲，时年42岁。

四、消灭小股日本侵略军

肇源县二站镇希程村有个于营长屯，于营长名字叫于雨峰，是民国时期东北军的一位老营长。于营长在1931年10月中旬曾率部参加了著名的"江桥抗战"。1945年夏季的一天，抗日救国会成员老杨向于雨峰汇报，有一小队日本兵约10人在邵家亮子的"网房子"附近活动。他得知情况后，带领救国会联络站交通员于成志等人，带着武器骑马来到了邵家亮子。正值傍晚，他走近一看，日军正要吃饭，于雨峰吩咐伙计多给日本兵喝点酒，把他们全部灌倒。日军的警惕性也很高，不都喝酒，只有五六个喝多了点，日军还换班站岗。于雨峰和于成志等抗日救国会员在一边跟踪侦察，掌握情况后，一直守到午夜，见日军开始换岗，趁其四处张望之际，于雨峰从他的后面扑了上去，用右胳膊勒住他的脖子，左手就是一扎枪，顺着肋条直扎心脏。因为这个网房子于雨峰非常熟悉，趁着夜色摸进屋内，来到炕边，日军正在炕上熟睡，于雨峰上去就向敌人的心脏扎去。他动作迅速，一扎一个准，日本兵的喊叫声惊醒了全部日军。一个士兵跳下地，将于雨峰的后腰搂住。另一个爬到炕里去拿手枪，回头就是一枪。于雨峰头一歪，子弹将他的右脸颊灼伤，那个日本兵接着又扣扳机，但是子弹卡壳了。这时又一个日本兵端着刺刀从侧面冲上来，于雨峰用尽全身的力气将搂他后腰的日本兵抢到身前挡住刺刀，刺刀扎到了这个日军的身上。另一名跟进来的小交通员对着敌人就是两刀，正好捅到日本兵的臀部上，疼得他哇哇乱叫，日军顿时乱作了一团，趁此机会，于雨峰将余下的日本兵全部消灭。缴获了全部枪支弹药，肇源解放后交给了人民政府。

五、抗联攻占古龙始末

1940年11月，东北抗日联军第三路军十二支队，在夜袭肇源城获胜后，攻占头台站，又向北进军，途经大兴、浩德、义顺的一些村屯，准备攻打肇源西北的古驿站——古鲁站（古龙）。十二支队队长徐泽民、党的地下工作者屠全生等早就在古龙站一带从事过抗日活动，当地群众抗日积极性很高，抗日积极分子任守信、陈国林、姜兰发等人在古龙北的大格屯和小格屯已做过抗日宣传动员工作。11月20日晚，抗联十二支队的指战员都骑着刚缴获的马，每人挎着一长一短两支枪，来到了古龙站北十几里的小格屯，在小格屯财主王元学家和老姚家休息了一天。老王家给抗联指战员杀了羊、蒸好几锅热腾腾的大切糕，抗联战士们都吃得满头大汗。

第二天下午，抗联十二支队派部分侦察员先潜入古龙站，侦察员们都装扮成上站买货的农民。十二支队的大部队隐蔽在古龙站北的苇塘中。到晚上八九点钟，抗联十二支队就里应外合地从古龙站的北门打了进去。当时防守古龙站的日伪军一个也没有，只有地方警察六七个人和地方武装自卫团七八个人。没放几枪，伪警察所长刘国桢就带着一些防守警察和自卫团逃跑了。抗联战士只抓到了一名没跑掉的"瞎警长"（姓尚，是近视眼）和一名姓李的自卫团员。

抗联十二支队一举攻占古龙站后，先到古龙村公所和警察所搜缴武器和物资。战士们把村公所的金柜抬到院中，用铁锤和铁镐猛劲砸了半天才砸开，结果金柜里都是些票据，没几个钱。

天快亮时，抗联战士将村公所的办公桌都摞起顶到房梁，然后在底下用柴火点着底层的办公桌，把伪村公所和警察所都烧着了，大火熊熊，照亮了整个古龙站。

第二天，长期受日伪欺压的古龙站父老乡亲，欢欣鼓舞地来到被烧坏的伪村公所处看热闹，特别是那些曾被抓劳工、去勤劳奉仕，逼交出荷粮的青壮年农民，见村公所、警察所化为灰烬而奔走相告，拍手称快。当时被烧的伪村公所和警察所就在现今古龙菜市场西南的老公路道西。当天，抗联战士将停放在古龙街内的两台日本汽车，也从陈家店抱来柴火给点着了。

过了几天，抗联十二支队从杜蒙县后心村西越嫩江，攻打吉林省镇赉县五棵树警察署后，又重返老根据地古龙站。这时，日本关东军和"讨伐"队得知抗联十二支队一直活跃在古龙站，就派重兵前来追剿。先期到古龙同抗联十二支队交火的日伪军是乘大马爬犁来的。因1940年冬季雪特大，并且在11月初还边下雨边上冻，树上、柴草上结满了冰溜子，地上也尽是冰，因此，车行不如马爬犁便捷。日伪军在每辆大马爬犁上都配五六个全副武装的军人，一挺机关枪。抗联十二支队同敌人交火时间不长，见敌强我弱就将主力及时撤走，留下几个战士在城壕工事阻击，掩护撤退。这时古龙街里有个姓王的老乡，帮助留守的抗联战士送弹药和牵马，他亲眼所见，敌人的多挺机枪哇哇响，抗联战士利用掩体不断还击。

过了一段时间，最后一位掩护撤退的战士，从王老乡手中接过战马，骑着追赶大部队了。这时王老乡还不放心地爬上工事为抗联战瞭望敌情，敌机枪正在点射，嗖的一颗子弹打在了王的腹部，王老乡捂着伤口回家后就牺牲了。王老乡是位无名的抗日英雄，中华民族正是因为有千千万万这样为民族解放事业而献身，才把日本帝国主义赶出中国。

1940年12月，当抗联十二支队撤离古龙站后，日伪特务就到古龙进行搜查。一是搜查抗联家属；二是搜查与抗联有密切联系的人；三是搜查有反满抗日情绪者。那些日伪特务在古龙调查10

多天后，名单早已备好。他们于12月22日开始秘密逮捕古龙站的抗日志士，抓到的就囚禁到刘邦杰家的西屋。

从12月22日到23日上午，古龙站被日伪特务逮捕的抗日志士：尚万德、刘邦杰、尚广木、彭恩、陈国升、陈国胜、徐国才、张从云、高德、包子化、王江、马庆德、李子章、郭焕章、陈国信。日本侵略者把从古龙逮捕的这15名抗日志士关在肇源的监狱，进行了几天的严刑拷打。然后在一个黑夜，从狱中把他们一个一个分别拉走秘密处死。

第五节 "三肇"地区抗日领导组织及十二支队

中共龙江工作委员会（又称"三肇"地区工作委员会）

1940年2月，中共龙江工作委员会在肇州县托古村朝阳区李道德屯张白氏家成立。（今肇州县托古乡大沟村李道德屯）

龙江工委是北满省委下设7个党委之一，领导肇源、肇州、肇东、安达、青冈、兰西六县人民的抗日斗争。在"三肇"地区第一次建立发展党组织，成立20多个抗日救国分会，为以后十二支队在"三肇"地区抗日斗争奠定良好群众基础。

组织分工：

书记：张文廉（又名张国东）

宣传部长：高吉良（又名高风亭）

工作员：徐泽民（又名徐振东、张振华）

交通员：刘海（又名刘延成）

军事工作员：杨宏杰

龙江工委下设4个区委5个党小组。

4个区委：肇东区委、郭尔罗斯后旗（今肇源县）区委、肇州县西土城子区委、大阁庙区委。

龙江工委下设肃反队、武术团、妇女救国会等群团组织。

肃反队长：李学明

肇州县武术团长：李兴华

肇源县武术团长：尚希盛

"三肇"妇救会长：张白氏

第六节　"三肇"地区抗日救国会分会

"三肇"地区抗日救国会分会。龙江工委成立后，工委领导分别深入各地进行串联、发展抗日救国会员，建立抗日救国分会。群众抗日救国运动在"三肇"地区蓬勃发展。到1940年夏，该地区成立20多个抗日救国分会，会员达300余人。

肇东县境内抗日救国分会：

肇东县金山堡分会：会长曹万方

肇州县境内抗日救国分会：

托古村朝阳区西土城子分会：会长李明树

托古村曹文尧分会：会长曹文尧

托古村陈家围子屯分会：会长陈子章

托古村陈家屯分会：会长王福祥

朝阳村天生甲分会：会长潘珍

永福村三兴区分会：会长耿雨臣

永福村娄家大岗屯分会：会长杜国文

永吉村三门刘家屯分会：会长刘深远

兴亚村瑞祥区分会：会长张诚密

兴农村大阁庙分会：会长武绍文

大园街抗日分会：会长李志山

丰乐街抗日分会：会长李会泉

肇州街抗日分会：会长徐子军

肇源县境内抗日救国分会：

维新村义兴区分会：会长高云峰

花尔村双龙山区分会：会长高俊峰

花尔村丰乐区分会：会长李忠仁

花尔村于营长窝棚分会：会长于秀峰

三站抗日分会：会长张国良

三站郑家屯分会：会长郑国义

三站大老黑窝棚屯分会：会长王金山

三站哈拉乎雪屯分会：会长高希升

薄荷台后羊营子屯分会：会长刘延文

薄荷台八家子分会：会长程万金

薄荷台后台分会：会长周万才

肇源街抗日分会：会长王秉章

青冈县境内抗日救国分会：

青冈县抗日救国分会：会长赵祥

兰西县境内抗日救国分会：

兰西县大太玉屯分会：会长张俊臣

安达县境内抗日救国分会：

安达县抗日救国分会：会长徐炯

第七节　抗联十二支队组建与编制

抗联十二支队东北抗日联军第三路军1939年5月成立，由原来的抗联第三、六、九、十一4个军合并而成。三路军总指挥张寿篯（李兆麟）、总参谋长许亨植（李熙山）、政委冯仲云。1940年秋，三路军下设三、六、九、十二4个支队。

十二支队队长戴鸿宾，1940年9月18日肇东宋站四撮房战斗后，戴鸿宾离开支队，队长由徐泽民代理。

政委许亨植，四撮房战斗后，许亨植带十余名战士突围后转回山里，政委一职由党委书记韩玉书兼任。

后经改编补充，副官张相龙，参谋长李忠孝，政治部宣传主任张瑞麟。

支队临来时，下设34、36两个大队，4个中队。由于徐泽民、收编了"双侠""九山"两个义勇军，又增加一个游击大队。

34大队长王殿阁，敖术台战斗中牺牲，打肇源县城后任命王秉章为大队长，鈤景芳为指导员。

36大队长关秀岩，指导员吴世英，二人都在敖术台战斗中牺牲，打肇源县城后，大队长一职由原来中队长杨德山担任。

游击大队（也称第三大队）大队长由双侠（即于海山）担任，宋站四撮房战斗中于海山牺牲，攻打肇源县城后，大队长一职由中队长艾青山担任。

十二支队主要任务：袭击破坏日伪政权组织，即袭击破坏日伪县公署、村公所，伪县警察署，警察分驻所，夺取武器，武装自己，宣传武装群众，扩大抗日力量。

第八节　抗联十二支队在"三肇"地区活动路线及战迹

抗联十二支队在"三肇"地区活动路线，1940年9月4日，抗联十二支队来到"三肇"地区后，转战于肇州、肇东、肇源、安达、泰康（今杜尔伯特蒙古族自治县），吉林省扶余县，吉林省大赉县等地，给敌人以沉重打击。

9月4日，十二支队到达龙江工委所在地肇州县托古村李道德屯。

9月11日，夜袭肇州县丰乐镇。

9月18日，激战肇东县宋站镇四撮房。

9月末，在肇源县色望窝棚屯（今福兴乡志兴村）休整。

10月8日，激战肇源县二站镇敖木台（今二站镇新发村）。支队官兵牺牲44人。

10月8日后，支队幸存着15人坐3只小木船沿松花江东下，转移到肇源三站南官泡子养伤。

11月5日，支队幸存15人与徐泽民动员新入伍战士共50余人，在三站哈啦乎雪大庙（今三站镇宏兴村）召开会议，研究制定攻打肇源县城方案。

11月6日，支队从哈啦乎雪屯出发，于11月8日早到达肇源县城北大啦嘎屯隐蔽（今和平乡木头村）。

11月8日晚夜袭肇源县城，取得胜利。

11月9日，袭击肇源县头台镇。

11月10日，在肇州县西部永吉村杨柏桐窝棚屯整编（今永乐镇清华村）。

11月11日，支队与"讨伐"队交战后转移到娄家大岗屯藏多余枪支及鸦片（今新乡红旗村）。

11月15日，支队一部攻打肇源三站镇。

11月16日，徐泽民、杨德山率支队一部火烧肇州县托古村公所、警察分所，同日，艾青山部在肇州县三门刘家（今榆树乡农兴村）与日伪"讨伐"队交战，肇州武术团长李兴华在战斗中牺牲。

11月18日，支队一部在托古村赵金窝棚屯勒死伪区划长赵焕章及恶霸赵发。

11月21日，支队一部袭击郭后旗（肇源）古鲁站（今古龙镇）。

11月26日，张瑞麟在肇州县启明村附近（今朝阳沟镇保林村）收编绿林武装"庄稼人"。支队途经肇源转战到吉林省扶余县邵家屯。

12月3日，支队转回松花江北到肇东常家围子肇源柴家窑一带。

12月7日，夜袭肇州县启明村公所和警察分所。

12月11日，在肇州县永吉村杨大草房屯（今永乐镇新祥村）与"讨伐"队交战后，经肇源转移到吉林省大赍镇。

12月15日，袭击大赍五棵树警察分所。

12月17日，支队转回肇源、肇州。

12月21日，袭击安达兴亚农场。

12月23日，在肇州县永吉村纪家围子（今永乐镇新祥村）日伪"讨伐"队交战后撤走。同日在康家围子（今永乐镇新龙村）处死两名日伪特务。

12月26日，在肇源县薄荷台大门赫家击毙"三肇剿匪"副大队长渡边政雄。

12月27日，支队再过松花江到吉林省长春岭，遭到日伪"讨伐"队堵截，转到肇东四站一带，继续北进。

12月28日，支队到达满沟（今肇东市），与追击敌人边战边撤。

支队经过艰苦转战拼杀，人员伤亡很大。到兰西时，徐泽民被汉奸出卖被捕。张瑞麟、钮景芳带领队伍经过艰难转战于1941年1月下旬，终于回到庆城（今庆安县）铁力交界的安邦河上游一带，与北满省委和三路军总指挥部会合。

第九节　历史遗址遗迹

一、敖木台战役纪念地

纪念地位于黑龙江省肇源县二站镇新发村（敖木台）南百米处。1998年大洪水后，由省文化厅投资，将位于新发村（敖木台）聚宝屯东南坝外250米处的敖木台战役英勇牺牲的44位烈士合葬墓迁到现址。

1940年10月6日，东北抗日联军第十二支队70余人奉命攻打肇源城因雨受阻，于7日在敖木台与日伪军1 000余人相遇，激战一天毙敌200多人，44名抗联指战员壮烈牺牲，张瑞麟、钮景芳等15人突围脱险。44名烈士中，仅有代支队长韩玉书、36大队长关秀岩、34大队长王殿阁、34大队政治教导员吴世英、宋志生等五位留下姓名。

二、四方山烈士陵园

陵园位于肇源县肇源镇四方山村四方山顶部，西距县城4公里，总面积53 500平方米。山顶部的小型广场矗立一座高约18米的革命烈士纪念碑，立碑时间为1985年7月1日。

该陵园是为纪念中国近现代以来肇源大地上为中华民族自由解放和社会发展进步英勇献身的烈士所建。纪念碑西北建有精英祠，陈列着在抗日战争、解放战争、土地改革和社会主义建设时期光荣牺牲的革命烈士事迹。陵园有徐泽民、王化清、韩玉书等数十座革命烈士墓冢。

该陵园现已开辟成陵园公园，成为肇源县爱国主义教育的重要场所。

三、渡边正雄被毙地

位于肇源县薄荷台乡哈拉海村大门赫屯南。1940年12月25日，东北抗联十二支队途径薄荷台乡大门赫屯时，日伪军乘车追来。部队紧急向江边转移，留下三名抗联战士断后阻击敌人。当日军汽车追到大门赫屯南时，伪滨江省警备科长渡边正雄下车用望远镜观察情况，埋伏在江坝边的抗联战士瞄准他就是一枪，正中其头部。其尸体被连夜运回哈尔滨。渡边正雄被击毙是当时三肇地区抗日斗争取得的重要胜利和战果。

四、十九位抗日志士殉难地

位于肇源县三站镇宏生村岔古敖屯西南2公里处，西距三站排水站0.5公里。抗联十二支队夜袭肇源城后，日本侵略者开始了疯狂的报复。1941年1月9日，日军将王化清、庞振武等十九位抗日志士押送哈尔滨，途径三站东南部松花江边一鱼窝棚时，由于押解车出故障，便惨无人道地强迫渔民夫妇凿开松花江冰面，将十九位爱国志士（王化清、张友德、郭希模、张占鳌、姚维新、

庞振武、綦雪堂、尚万德、陈国信、王瑞兴、胡秀民、刘国栋、李文堂、冯任武、刘鹏义、诸振远、鲍子华、刘邦杰、王江）连同渔民夫妇一起强行塞进冰窟窿致死。

第十节 抗联英模英烈

孙凤山（1914—1940年），黑龙江省肇源县人。他刚参加革命时，任中共北满地下交通员，对待这项既机密又危险的工作，他总是谨慎而勇敢地完成。特别是1930年11月份，中共北满省委派他去汤原游击区传递情报，走到木兰县时，被伪满特务机关逮捕，而后投进监狱。在敌人严刑拷打面前，他誓死不屈，以致左眼被敌人鞭子打残。就这样，他仍然没有泄露半点机密，后被党组织营救出狱。随即，孙凤山同志被组织派往抗日联军第三路军第十二支队任参谋长，与十二支队政委、队长一起带领部队在"三肇"地区建立抗日根据地，开展抗日活动。1940年8月，在二龙山战役中，抗联十二支队被数倍于己的敌人包围，在重创敌人后，为掩护战友突围，孙凤山壮烈牺牲。孙凤山同志为革命捐躯后，由于汉奸告密，他的爱人也被日伪军抓了起来，在监狱里折磨致死，刚满周岁的小儿子被饿死在狱中。孙凤山同志的父亲和弟弟也被日本侵略者暗害。如今在肇源东山的烈士纪念塔下，一块黑色的大理石的墓碑上，镌刻着孙凤山这位抗联烈士的英名。

艾青山（1913—1941年），肇源城北小山人。早在1932年马占山将军组织江桥抗战的时候，郭后旗和肇源城都组织青年人准备投入到抗日前线上，当时肇源城在老兵站（今县公安局院内）组织80名青壮年，作为肇源抗战预备大队，随时投入到江桥抗战一线去。后来由于马占山江桥兵败退到海伦，这一批武装力量也就没有投入到抗日的战场上，艾青山当时是步兵中队的中队长。虽然艾青山在1932年没有机会到抗日战争的第一线，但后来的艾青山也一直从事着抗日工作，直至1940年在肇源城里接触到公开身份为道德会讲师实为党的地下工作者徐泽民同志的时候，才正式走上了抗日救亡的道路，从此，成了一名优秀的抗日战士和十二支队卓越的指挥员之一。1940年11月6日，艾青山带着一支50人的队伍，应徐泽民的约请，赶到肇源以北的仓粮村附近会合，一起向肇源挺进，当晚便全部投入了攻打肇源城的战斗。后来，艾青山担任十二支队第三大队长，在徐泽民的指挥下，破古龙、打泰来、取二站、克托托，转战在松花江上下、嫩水两岸，打得日军胆战心惊，魂飞魄散，犹如惊弓之鸟。日军害怕了，派出精良部队"围剿"十二支队，队伍损失惨重被迫向东山里撤退。艾青山为掩护其他战士突围，拼命断后，打到没有子弹，不幸被捕，押送至肇州监狱，敌人为能从他口中得到情报，把他折磨得死去活来，但他却没有屈服，于1941年3月25日牺牲。

胡秀民（1908—1941年），山东省利津县人，1930年逃荒东北投亲肇源。1939年投身革命，参加抗日救国会。为驱逐日本侵略者，救亡图存，以商务会会长身份做掩护，为东北抗日联军筹措军需，探报敌情。1940年冬胡秀民和王秉章、王化清等积极接应抗联十二支队攻打肇源城。战后，为保护同志，只身与敌周旋，因汉奸告密不幸被捕。任敌严刑酷审，始终保守机密、坚贞不屈。1941年1月9日，连同王化清等共18位救国会会员和爱国志士一同被日本人推进三站李家围子前江面冰窟里秘密杀害。

徐泽民（1900—1941年），化名张振华，1900年，生于辽宁省辽中县。1918年，高中毕业考入辽中县简易师范学校。1931年，"九一八"事变后弃商从戎，到马占山部邓文兵团参加抗日活动。1936年，加入中国共产党。1938年3月，任东北抗联三军游击大队秘书，同年9月，任抗联三军参谋。1939年6月，被中共北满省委派到"三肇"地区工作。1940年8月，参加袭击丰乐镇战斗，同年10月，任东北抗联第三路军十二支队代理队长。1940年11月，率队夜袭肇源县城；1940年11月底，奉命转战回东山里安邦河上游三路军总指挥部；1941年2月13日，在兰西县临江村丁家油房屯被捕。在狱中遭受敌人的严刑拷打宁死不屈，敌人无计可施判他死刑，徐泽民毫无惧色，同年10月初，在哈尔滨道里监狱牺牲。

耿殿君（1903—1941年），又名耿殿文、耿继升、耿升。绰号"耿破烂""老客"，报号"三省"，1903年3月，出生于山东省掖县。因山东老家闹灾荒，生活维持不下去，举家逃荒辽宁金州，又到黑龙江省肇东甜草岗，最后到肇源县和平乡白家坟村。1932年10月，在汤原县黑金河金矿参加抗日活动，加入了汤原人民抗日游击队；1933年初，担任了游击队交通联络处处长；同年经游击队总队长夏云杰介绍加入中国共产党。1933年11月至1934年7月，奉命回"三肇"地区筹集军需物资。1935年，任东北人民革命军第六军被服厂厂主任。1936年任东北抗日联军第六军留守团团长。1939年1月至1939年5月，耿殿君在绥棱野炮营任西北指挥部后方医院院长。1939年5月，耿殿君所在的留守团改编为第六军第十二团，耿殿君任十二团团长。耿殿君带领十二团便活动在海伦、拜泉、绥棱、安达、"三肇"等地。1941年4月，耿殿君在单独执行任务中，为了掩护战友赵景海脱险不幸被捕，先被关押在肇东监狱，敌人对他施以重刑，不管用什么办法，耿殿君就是什么也不说，党组织知道他被捕后，多方营救无果。1941年10月，日军将耿殿君转移到哈尔滨监狱后不久杀害。

张瑞麟（1911—1999年），别名张志恒，化名刘明久，1911

年2月，生于辽宁省锦州。7岁逃荒到吉林省扶余县。1933年2月在吉林五旅十四团迫击炮连秘密加入中国共产党，同年5月，策反该连成功，任中国工农红军第三十二军南满游击总队迫击炮大队分队长，7月负伤后被派到哈尔滨工作。1936年6月，任哈尔滨特委组织部长，9月兼任哈尔滨市委书记。1937年4月，哈尔滨地下党组织被破坏，张瑞麟隐蔽在工人中继续开展工作并建立党支部。1940年6月，在肇源县三站镇小蒋家围子做收编土匪"庄稼人"工作。1940年9月，找到东北抗联十二支队，10月参加了肇源县二站镇敖木台屯的战斗负伤。11月8日，参与指挥了夜袭肇源县城的战斗。同月部队整编，被任命为十二支队政治部主任兼宣传部主任。1944年1月，去苏联参加抗联教导旅整训，任三营党总支副书记。1945年9月，任嫩江军区政治部副主任、齐齐哈尔市委秘书长、副书记、书记、黑龙江省财经委员会副主任。1950年5月，先后任中共黑龙江省统战部副部长、部长、黑龙江省政协副主席。1979年12月任黑龙江省人大常委会副主任。1985年5月离休。1995月25日在哈尔滨市病逝。

钮景芳（1916—1993年），1916年3月21日，生于黑龙江省依兰县长兴电。读过三年半书，后来给地主扛活。1935年2月，参加东北人民革命军第三军八团当战士。1936年2月，加入中国共产党并在抗联三军司令部当副官。1937年2月，在三军警卫旅当连长。1940年，任抗联三路军十二支队中队指导员、36大队教导员。1944年1月去苏联参加军训。1945年9月，任克山县苏军卫成司令部副司令员、克山县大队队长。1948年4月，任黑龙江省军区北安警卫一团副团长。1949年8月，任军区军事部管理科长。1950年10月，任训练三团副团长、团长。1952年任肇东县武装部部长兵役局局长。1965年10月任黑龙江省军区（哈尔滨）第一干休所所长。1975年5月，辞去所长职务。1993年10月

14日病逝。

韩玉书（？—1940年），中共党员。1934年，参加珠河反日游击队。1935年冬，东北人民革命军第三军东征到汤原、通河一带活动，韩玉书任三军八团一连指导员。1936年，在第三军西征时，留在方正一带坚持游击战争，几经激烈战斗，在收编一些山林队的基础上，建立了抗联第三军第六团，韩玉书任团长。1937年春，他率本团采取诱敌深入的战术，在蒙古山、三合店等地连续重创敌人，三合店一战就消灭日伪军100余人。1938年春，任三军一师一团团长，翌年任抗联三路军十二支队党委书记兼36大队教导员，1940年10月6日，率部在肇源县敖木台与日伪军战斗中壮烈牺牲。

吴世英（1913—1940年），原名吴仲善，朝鲜族，中共党员。1913年，生于朝鲜咸镜北道稳城郡。朝鲜被日军占领后，全家流亡到吉林省汪清县种地为生。少年时读过六年书。1931年，"九一八"事变后从事抗日活动。1934年初，参加汪清县抗日游击队。1935年，调到第五军工作。1936年4月，到东北抗联第二军司令部，后任指导员。1940年3月，任东北抗联第三路军第十二支队34大队教导员。1940年10月6日，在肇源县敖木台与日伪军激战中壮烈牺牲。

李桂林，1924年4月14日，生于黑龙江省肇州县石家粉坊。1940年8月，参加东北抗联第三路军第十二支队当通讯员。1940年10月6日，参加肇源敖木台战斗受轻伤。11月8日，参加了夜袭肇源县城的战斗。1941年1月去苏联，在东北抗联教导旅第三营五连当战士。1942年春加入共青团。1945年8月8日加入中国共产党，同年9月自苏联回国，担任过李兆麟、冯仲云的警卫员。后任松江省政府警卫大队大队长、独立团连长。1950年3月以后，历任哈工大副科长、科长、副处长、处长。1963年，任哈工大校务部党支部书记。1975年8月任哈工大财务物资处处长。1980年春任哈工大副总务长。1983年12月离休。

张相龙（1905—1978年），朝鲜人，1905年2月27日生人。1936年在黑龙江省通河县参加抗日活动。1940年参加三路军十二支队，参加了攻打丰乐镇、宋站、敖木台、夜袭肇源县城等战斗。1941年初和张瑞麟、鉏景芳等同志退到庆安、巴彦、木兰、通河等地活动。1942年给中共北满省委书记金策当警卫员。1942年1月跟随金策等10余名同志到苏联参加东北抗联教导旅军训。1945年"九三"抗日战争胜利后回到朝鲜。1978年6月20日逝世。

耿殿臣（1909年—1940年8月18日），男，汉族，又名耿殿武、耿继武，报号"五省"。1909年出生于山东省掖县，1932年前全家逃荒来到东北，最后居住在肇源县和平乡白家坟屯。1932年3月在汤原县黑金河沟里金矿参加了汤原人民抗日游击队。1937年4月受李兆麟、冯仲云的秘密派遣赴"三肇"等地区开辟新的游击战区，他是先遣队的队员。1937年7月1日由兰志渊政治指导员介绍加入了中国共产党。1939年末耿殿臣在其哥抗联第六军十二团团长耿殿君的带领下，共300多人穿过了小兴安岭密林来到龙江平原地区开展抗日活动。在与日伪"讨伐队""大排队"多次战斗后，部队伤亡很大，多次被敌人打散。他们二人把打散的战士又重新组织起来，继续同日伪军作战，打得敌人惊恐万状、叫苦不迭。这一时期他们主要活动在海伦、拜泉、兰西、"三肇"地区。1940年7月初，由耿殿君和耿殿臣亲自率队过松花江到扶余一带活动。八月节之后从江南返到江北进入肇州、肇东境内，部队80多人行至周岭窝棚时，人饿了、马也累了，耿团长命令大家在此地吃饭和休息。当时，派出去办事的人没按时回来，就没马上走。这一行人被伪区划长赵发看见，报告了村公所，村公所又报告了日本人。日伪"讨伐队"100多人从四面包围了周岭窝棚，从外向里打，抗联战士从里向外打。经过一阵激战，耿团长一看部队很难马上突围出去，如再打下去敌人会越聚越多，有全部覆灭的危险。他随即命令大家把已裂缝的北大墙推倒，让人马从这突围出去。有些人先冲了出去，有的担当掩护任务的没能及时出去，耿殿臣在冲出包围圈后，又返回来接应战友。王福军为掩护耿殿臣牺牲了。当耿殿臣骑马第三次入包围圈救人往东偏坡跑的时候，被埋伏在那里的日伪军用枪打下马来，并用刺刀扎死。战斗结束后，日伪军"讨伐"队强迫当地人用马爬犁把被打死的人拖到大壕沟，逼迫村民用铡刀把人头铡下来。并用马爬犁拉到肇东老市场示众，人的身子扔到了周岭窝棚。后来有人来到耿殿臣的哥哥耿殿福家说耿殿臣被日本人打死了，脑袋被铡下来拉到肇东去了，身子在周岭窝棚。耿殿福到了肇东想找回弟弟的人头，可是人头示众后被狗叼跑了，后来在刘庭窝棚找到的。原来是耿殿臣鼻子左边有个印痣，才被认了出来。耿殿福把五弟的头和身子放到一起埋葬在先进乡和长乐乡交界处的乱石岗子里。解放后迁移到了肇东市姜家。

张文廉（1913—1941年），又名张国钧，中共党员。1913年生于黑龙江省宁安县，毕业于北平第十七中学，曾参加北平学生爱国运动。1935年参加东北人民革命军第三军，历任文化政治教员、秘书、指导员、青年科长，东北抗日联军政治军事学校政治教官。1939年任抗联第三军政治部宣传科长，会书法擅写作，曾编写抗日联军歌集，同年12月被派到"三肇"地区进行抗日工作，翌年2月，任中共龙江工委书记。他善于发动群众，依靠群众，使"三肇"地区抗日斗争很快蓬勃地发展起来。1940年8月19日，他在赴兰西、青冈县送救国会会员证时，走到肇东昌五附近的板子房，不幸被敌人逮捕，同年冬被日军扔进松花江冰窟窿里壮烈牺牲。

高吉良（1914—2006年），别名高凤亭、高峰。1914年11月14日，生于山东省沂水县小官庄村。1927年8月，迁居到黑龙江省汤原县城。1930年放马、干庄稼活。1932年1月，在汤原县太平川参加反日同盟会、少年先锋队和共产主义青年团，任团支部书记、洼区团书记、县团宣传部长。1935年5月，转为中国共产党党员。1936年初任东北抗联三、六军联合办事处主任，3月调东北抗联第三军司令部任宣传科长、特派员。1937年5月任三军九师政治部主任。1939年9月调回北满省委，后任"三肇"地区龙江工委副书记。1940年10月，龙江工委改为三肇县委（亦称肇州县委也就是肇源县委）时张文廉被捕牺牲，高吉良任县委书记。1941年3月，"三肇"事件发生后敌人开始大搜捕，组织上允许高吉良转移回老家隐居。1946年，先后担任八路军人民子弟兵团管理员、第八纵队供给处军需、三野24师171团军需。1947年冬养病。1948年参加"土改"。1949年8月转业回家。1968年搬回汤原县城。1988年经黑龙江省政府批准享受抗联老干部待遇。2005年5月，家住汤原县汤原镇胜利街，2006年病故。

王秉章（生卒不详），1939年任伪《大同日报》社社长，同年6月徐泽民到肇源做抗日工作，他积极配合，并被选为肇源抗日救国会会长。1940年11月8日，他和王化青等人向抗联三路军十二支队代理队长徐泽民提供了可靠的情报，并积极配合部队的行动，取得了夜袭肇源县城的胜利，随即参加部队任十二支队第一大队大队长。而后转战一段时期同张瑞麟、鈤景芳等撤回第三路军总指挥部（安邦河上游营地）。1942年去苏联，1944年3月同张麟一行6人回国执行寻找于天放小分队任务。1966年在哈尔滨病故。

王化青（1908—1941年），1908年出生在辽宁省辽阳县三道塔。幼年随家迁居到肇州城（今肇源城址），只读过几年书便失学为人做零工。1935年，伪郭后旗公署自四站老爷屯辅国公府迁到肇源城之后，物色看电锅的技术人员，他的好朋友时为伪警察的庞振武举荐了他，伪旗公署便招他当了一名看电锅的工人。1939年6月，中共北满省委派徐泽民到"三肇"地区开展抗日救国工作。徐泽民到肇源以后，同当时开办《大同日报》社的爱国志士王秉章取得联系。王秉章与王化青是至交，王化青听了王秉章的话，王化青便积极串联亲朋好友，如义和永商号老板胡秀民、裕昌源商号掌柜李文堂、当地绅士褚振远、伪警察庞振武、伪警长司机王瑞兴等都是经王化青介绍与徐泽民相识后，发展为肇源县抗日救国会会员，并组建成肇源抗日救国会。王秉章为会长，王化青为副会长。

1940年秋，敖木台战斗前后，王化青始终与徐泽民保持着联系。王秉章虽然是会长，但他开设的《大同日报》报社社址位于城西街路北，每天只能往旗公署送趟报纸，还不便久留。王化青在大院里上班，接触的熟人多，因此对日伪的动向随时都能掌握，消息极为灵通准确。所以，他在11月8日抗联夜袭肇源城时，无论在传递情报、接应队伍入城，还是当向导攻打日本人官舍等，都起到了极为重要的作用。

同年12月4日，王化青被伪滨江省警务厅派来肇源的三班特务逮捕。汉奸特务们使用多种酷刑，王化青始终守口如瓶，没出卖一名同志，表现出了中华民族威武不屈、视死如归的高尚品德。1941年1月9日，王化青被日本人连同18位抗日救国会会员和爱国志士一起被推进肇源县三站镇李家围子屯南的松花江冰窟窿里残忍地杀害。中共黑龙江省委党史研究室编撰的《东北抗日联军名录》，将他作为抗日救国会的突出代表载入史册。肇源县人民在四方山烈士陵园为其立碑纪念。

庞振武（1902—1941年），1902年生于肇源县义顺乡西义顺村。农民家庭出身，从小家境贫寒，却悟性很高，在当地办小学馆教书育人。因擅长书法，且精明能干，1935年被驻守在义顺口的蒙古族骑马队招去做了文书。1936年蒙古族骑马队调进肇源，部队改编为郭尔罗斯后旗警察署，庞振武随队调入当了一名内勤警察。

在郭后旗警察署当警察那段时期里，庞振武虽然身为伪警，却善待百姓，口碑很好。1939年下半年，庞振武经好友王化青介绍，认识了中共北满省委派来"三肇"地区领导抗日工作的徐泽民，并被发展为肇源县抗日救国会会员。从此，庞振武以伪警身份做掩护，在徐泽民的直接领导下秘密从事抗日救国工作。当时庞振武被郭后旗警察署派到了花尔村（今薄荷台乡）警察分所当所长，这对当地的抗日活动非常有利。徐泽民几次深入当地指导工作，不久，花尔村的抗日活动轰轰烈烈地开展起来。

1940年秋，抗联十二支队激战敖木台和夜袭肇源城后，日军恼羞成怒，为了报复镇压肇源的抗日组织和群众，伪滨江省警务厅派出了由日本警务区警务科长山奇和刑事科长影山坐镇指挥，从哈市、双城、阿城抽调的三班特务来肇源"缉凶"。他们通过肇源奸商刘发、李华英夫妇，获取了抗日救国会人员名单，庞振武名在其中。庞振武于12月4日（农历十一月初六）被捕，1941年1月9日被日本侵略者连同18名抗日救国会会员和爱国志士被推进三站李家围子前的江面冰窟窿里秘密杀害。新中国成立后，民政部追认庞振武为革命烈士，肇源县人民为他在四方山烈士陵园立了碑，以志纪念。

王江（1889—1940年），汉族，原籍山东人，父辈闯关东到吉林省扶余县，1930年后迁入黑龙江省郭尔罗斯后旗（今肇源县），1940年因参加抗日救国活动，在三站松花江段被日军投进冰窟窿而牺牲，年仅51岁。

由于王江一生为人踏实，办事精细，虽然家门富有，但从不欺压百姓，又有较强的爱国爱民心，受到群众的拥护，因此，抗联西征后，被抗联十二支队队长徐泽民发展为抗日救国会员。从那以后，王江在古龙一带秘密开展抗日活动，同鲍子华等一批抗日救国会成员宣传抗日思想，发展会员，壮大组织。特别是抗日联军夜袭肇源城以后，王江等人的宣传活动更加活跃，以极大的热情欢迎抗日联军的到来。

抗联十二支队夜袭肇源城后，部队向西北进军，途经头台，打到古龙，袭击和焚烧了伪警察所，烧毁了日本人的汽车，王江也参加了上述活动。为了躲避日本军与伪满"讨伐"队的"追剿"，抗联十二支队因势利导，将人员撤出古龙站，退到古龙站东芦苇深处的王江屯，在那里休养生息，当时王江屯成了后勤基地，王江本人也成了徐泽民的后勤部长。然而，时局突然发生了变化，日军开始作垂死挣扎。1940年11月8日，伪滨江省的日本人把"三肇"（即肇源、肇州、肇东）定为"匪区"。日军采取根治的措施，命滨江省警备厅从哈尔滨、双城、阿城警务科抽调警察特务23人，编成三个班，称为"三班特务"，到肇源进行"剿匪"。叶永年等三班特务来到肇源后，通过汉奸走狗的告密，很快地掌握了肇源各地抗日救国会组织情况，许多抗日救国会会员被秘密逮捕，王江也在逮捕名单之中，王江等抗日救国会会员相继被逮捕，日军用利诱、威胁、毒打、过电、灌辣椒水等残酷手段进行审讯。在日本侵略者的严刑下，王江的腿被打折了，手被夹断了，但他坚贞不屈，没有向日本侵略者交代出一名与抗日组织有关的人。几轮审讯后，日本侵略者在这些坚强的抗日爱国志士中一无所获，于是，日本侵略者于1941年1月9日晚，开着两辆军车，将王江等19名爱国志士拉到松花江北岸三站李家围子江段，残忍地将他们塞进冰窟窿里，秘密地杀害了。

第三章　巩固民主政权
支援解放战争

第一节　日本投降后肇源县城的混乱局面

1945年8月15日，日本侵略者宣布无条件投降，被其统治蹂躏了十四年之久的我国东北地区光复了。伪旗参事官儿西崇等日本人8月20日离开肇源，被哈尔滨江上军接走，从这天起肇源人民再也不当亡国奴了。

日本虽然战败了，但他们多年豢养的汉奸走狗和反动派，不愿轻易地退出政治舞台，仍想继续鱼肉百姓，欺压人民。共产党、八路军解放了肇源，才真正拨开云雾见了晴天。

8月16日，在肇源城的上空，伪满国旗随着日本侵略者败降无声无息地落下来了，但国民党的"青天白日旗"又被扯上杆头，荡起了法西斯的余波。垂头丧气的日本人整日集聚在伪旗公署后院家属宿舍住屋前，持枪守卫，戒备森严地焚烧沾满中国人鲜血的秘密文件。伪旗长达瓦的头等头条大事，就是命令警察把烟务股积存的鸦片统统搬入他的住所，据为己有。股长以上官僚，日夜密议分仓库中以敲骨吸髓手段榨取积存下的大米、白面、棉布和其他配给品。警察特务的凶恶气焰较前虽有收敛，但他们深信国民党接收以后，仍会大有作为，何况武器在手，自是横行无阻。此情此景使喜闻日本投降而一度彻夜欢庆的江城人民疑虑重重。灾难深重的肇源人民，又陷入风雨飘摇之中。

一方面，伪旗长达瓦主持旗公署各科长会议，宣布组成维持会等待国民党接收，并且以萨音骑马队为武装后盾，纠集蒙旗上层人物密谋独掌实权，排斥汉人。另一方面，以伪旗公署警务科长关奇绶为首网罗汉人武装警察，企图汉人说了算，挤走蒙人。两方对峙十分激烈，明争暗斗，尔虞我诈，私吞强占无利不取，闹得职员议论纷纷，群众怨声载道。两伙角斗半月之久，不分高下。

1945年9月3日晚，达瓦和关奇绶突然接到肇州县伪县长的长途电话，说："几天前，从龙江省来了两位国民党督导员现已在肇州，明天去接收郭后旗，望你们派员迎接。"次日，伪警务科长关奇绶、伪文教科长博彦朝克，一汉一蒙伪旗公署官员专程前往肇州迎接"新贵"。晚上，旗长及督导员召开临时维持会人员会议，参加的人员有法院检察官曲长鄂、街长曹士卿、总务科长讷木克琪、行政科长杨维新、开拓科长孟和巴雅尔（韩维民）、文教科长博彦朝克（何辑五）、财务科长刘鹏举、协和会事务长李秉奇以及安宅仁等。维持会临时会议做出三项决定：①成立郭后旗旗党部；②四人组织，蒙汉各两名，蒙古族为布彦朝克、讷木克琪，汉人为曲长鄂、安宅仁；③9月5日召开大会正式公布成立。

9月15日由内蒙古王爷庙来了个名叫吉格木德的人（包士彦），带着哈丰阿给达瓦的亲笔信，到郭后旗来组织蒙古同盟会。

同盟会于1946年初由乌兰夫、哈丰阿在承德召开了会议，决定成立内蒙古自治同盟运动联合会，总部设在乌兰浩特市，为内蒙古自治区的成立做宣传、发动、组织等筹备工作，并决定在吉林省的郭尔罗斯前旗、黑龙江省的郭尔罗斯后旗、杜尔伯特旗等地成立分会。委派陶格陶格奇为前旗分会会长、吉格木德为后旗分会会长、官布仁饮为杜旗分会会长。目的是进行蒙古自治，脱离原省辖属，划归内蒙古自治区统管。同年3月在洮南召开嫩南行署参议会，吉林、内蒙古亦派人参加，会议由嫩江省副主席顾卓新主持，传达中央精神，决定内蒙古自治区外各旗之建制隶属维持原状，至此，内蒙古自治区同盟联合会之运动即告结束。

吉格木德到郭后旗后，住在达瓦家。达瓦等人同意参加同盟会，然后在旗蒙古族青年中广泛发动，动员入会。这些热血青年大都参加了，对郭后旗革命进程起到了促进的作用。

9月19日，讷木克琪和安宅仁出发，从大赉乘火车去齐齐哈尔，25日才达省城，26日早晨到省党部刚坐下就被七八个苏联红军连同省党部的三十多人一齐赶到一个大厅，宣布齐齐哈尔市苏联红军城防司令部通令。之后，一个带队的人说："三天前通知省党部解散，而你们顽抗不散，现在我宣布把你们集中驱逐出齐齐哈尔。"随后把所有人员排成两行，押送到火车站。安宅仁在去火车站的途中，趁机溜掉，逃回郭后旗；讷木克琪在火车开往北安途中的一个小站也趁人不备下车后转逃到内蒙古王爷庙一直没回郭后旗。

安宅仁回旗后，向党部传达了所见所闻，旗党部个个惊恐万状。10月8日路维新从哈尔滨来到肇源，路维新原名路文明，字进之，伪满时期毕业于吉林省立大学专门部法科。1938年9月至1941年初曾在肇源县当过审判官。他来后自我介绍说：受黑龙江省党部主任委员肖达三委派到此组织旗党部。同时宣布原曲长鄂组织的旗党部不予承认，从即日起解散。10月9日开大会公布任命状：路维新为书记长、苏中石任组织科长、梁广文任宣传科长、布彦朝克为总务科长；会后照了集体相以作纪念。然后分别派员下到一区、二区、三区、四区等突击发展党员，但各区党分部未能建成。14日路维新走后，由伪旗公署文教科学务股长张文阁代理书记长，以抄名单的形式在学校中大量发展党员（大多数不知道），还办了《晨光报》宣传国民党，美化自己。

伪文教科教谕潘润文、实验校校长张富卿、庶务股委任官试补杨维丹等人办起秘密油印的《呼声报》，暗中散发揭露伪旗公署内贪官污吏大发光复财的罪恶行径，并宣传从收录机中听到的国民党军接收各地日军投降的"胜利"消息。社会上会局、赌场、扶乩、跳神、抽签、问卜等活动盛行一时，搞得肇源城乌烟瘴气。

第二节　解放肇源，建立新的人民政权

1945年8月底，国民党大肆抢夺东北抗战胜利果实的时候，我党中央从各解放区抽调10万主力部队和2万干部派驻东北。同时，为了加强东北地区的领导，党中央还决定成立中共中央东北局，指挥和领导东北的解放战争，建立坚强的东北根据地，为解放华北和解放全中国建立一个巩固的后方。1945年10月至11月间，其中一部分干部被分配到青冈、安达、兰西、肇东、肇州、郭后旗；他们在地委书记王建忠、专员王学明的带领下，于11月来到哈西专署驻地昌五镇，昌五镇也是哈西军分区司令部驻地，政委王建忠兼司令刘子奇、副司令员杨春，所辖分区直属炮营警卫连和一个独立团的兵力。团部驻在郭后旗，团长张放、副团长严柏、政委李由、政治部主任王炳恒，下辖三个营：一营驻二站；二营驻肇源城；三营驻青冈，共2 500多人。

派往郭后旗的六名同志，先后在肇东、昌五停留了一段时

间，其间地委给他们分配了工作，刘德明任旗委书记（公开身份政委），赵廷梁（赵达）任旗长，林智敏任组织部长，项步成任宣传部长，刘农夫任民运部长，任国栋任公安局长，六人都是旗委委员，组成中共郭尔罗斯后旗委员会。

1945年12月15日，中国共产党领导的哈西军分区保安独立团二营五连、六连200多人进驻肇源城，同时到达的有地委组织部长李祝三（代专员），及林智敏、项步成、刘农夫、任国栋等。12月20日上午分别逮捕了伪警务科长关奇绥、肇源街长曹士卿、法院检察官曲长鄂、国民党党部代理书记长张文阁、骨干分子梁广文，及劣绅刘景田等。刘德明、赵廷梁等旗委负责同志分头到基层了解群众疾苦，分析斗争形势。通过几天的扎根串连、访贫问苦，发现一些群众思想上有疑虑，怕共产党待不长久，也怕当地一些反动人物掌权，不敢明面接触我党干部，尤其不敢直接反映一些真实情况。当时表现最为积极的是同盟会中一些蒙古族进步青年。

第三节　清剿叛匪，夺回县城，巩固新生政权

1946年1月6日早7时许，进驻肇源城的哈西保安独立团二营营长姬兴洲发动叛变，中共郭尔罗斯后旗旗委、旗政府被迫撤离肇源城，经茂兴去往扶余。21日，扶余县保安团协助旗委、旗政府收复肇源城，由于一些新战士没有作战经验，提前暴露目标而使部队失利，并有12名战士被俘，其中11人惨遭杀害。

当天夜里姬兴洲率亲信逃离，提任董惠春为营长留守肇源城。郭后旗人民政府又被改为"维持会"，任命伪旗公署财务科长刘鹏举为维持会长，街内张贴布告，谕众周知，并召集伪职员

上班，发给带"民意"二字的白袖标，但没有行政、事务性工作，只是等待国民党派"大员"来接收。

1946年1月23日，八路军一支主力部队在七师师长杨国夫率领下移至扶余一线，安营于四马架屯，得知江对面肇源、肇州两城有叛军盘踞。于是1月24日，杨国夫师长主持召开了军事会议，研究攻克计划，决定先克肇源扫除障碍，再攻肇州，一举全歼。25日夜晚，当万籁俱寂的时候，部队派一连爆破手先摸近南、西城墙下，迅速炸开城墙和城门，随后大部队像开闸的洪水，以迅雷不及掩耳之势攻入城内。肇源城内的乌合之众，闻风丧胆，抱头鼠窜，战斗只进行了一个多小时，叛军全部缴械投降。战斗结束后，纪律严明的八路军，没有一个人去惊动城镇居民。第二天，东方刚刚放亮，居民店户知道八路军回来了，都开门迎接，但官兵没有给群众带来一点麻烦，而是主动为百姓挑水扫院，人们看到这番情景，十分感动。投降的叛军愿当子弟兵者，被收编到各连队；愿回家者，任其自便，使这些怕被俘后丧命的青年人感激万分。

上午10点钟，在县城十字街召开群众大会，赵廷梁在街心叛军修筑的一个沙袋堡垒上向群众讲话，宣布肇源城重新解放了。人们奔走相告，喜出望外，军民亲如一家。在八路军已经攻下肇源城的时候，国民党省党部派人来接收。1月30日，国民党派肇源县县长李辉英、肇源县公安局局长蒋宁延和肇州县县长、公安局局长等各带着手谕及警卫人员五名、汽车三辆、手枪队40名，在肇源联络员安宅仁、肇州联络员徐庆昌等陪同下从哈尔滨行至四站时，前探秉报："两肇"已被八路攻下了。他们只好垂头丧气返回哈尔滨。

杨国夫带领七师攻下肇源城之后，决定留下少量部队协助建政，其余大部队急速开往肇州，营救被叛军抓起来的李祝三、刘德明等七位我党干部和解放肇州城。

1月26日蓬世隆得知老七师已攻下肇源城，感到危在旦夕，立即下令向安达方向转移。在逃跑前，派人把在押的七名同志提出一起带走。由于敌人心慌意乱，过分匆忙，只提出六名同志，漏下孙新华一人。叛军把这六名同志分别押上两辆马车，四周坐上叛军，趁月落天黑慌忙逃遁。当行至邹万灵屯附近（现肇州永乐乡烈士村）已半夜时分，蓬世隆产生了杀人念头，于是在村南一个大坑边，将六人拉入坑内开枪杀死。

老七师到肇州后，叛匪全部逃跑。他们马上到监狱，除了孙新华一个人仍在押外，其他六名同志已被叛军押走。老七师准备尾追叛匪，正在这时，永乐乡群众到县政府报告六名干部惨遭杀害的噩耗，当即决定把烈士遗体运回县城。三天后，举行了追悼会，会场设在灵堂前，中共郭后旗委、旗政府派代表参加。

1947年春，在群众揭发检举下，终于将叛匪姬兴洲逮捕归案。4月的一天，旗委、旗政府在一完小（现二中处）召开斗争大会，群众怀着满腔的怒火，纷纷揭发控诉，然后将姬兴洲押赴北门外刑场，与双手沾满中国人民鲜血的日本参事官儿西崇、国兵民籍股长高桥明（日本人）一起被处死。

1947年4月末，平息姬兴洲叛变后，旗委、旗政府迅速转入反奸、清匪、土地改革运动和进行新政权建设。

这时，张霁中被派来郭后旗接任已牺牲的刘德明同志的职务，担任旗委书记，和他一同来的有孙键秋、杜仑（张的爱人）和一名警卫员。郭后旗委根据实际情况决定：第一，认真贯彻民族政策，团结蒙古族各阶层人民共同巩固新政权；第二，开展反奸清算，肃清土匪。由于方法得当，抓得及时，很快就站稳了脚跟，打开了局面。

郭后旗是汉、蒙杂居地区。民族关系至关重要，中共党代表只担当副旗长（内部称民主政府主席），旗长由曾留学日本的蒙古族知识分子包士彦（吉格木德）担任。

为了贯彻好党的民族政策，除了团结教育蒙古族上层人物外，还积极培养蒙古族青年骨干，扩大革命力量。由于革命不断地深入，蒙古族上层人物的利益受到了触及，他们有的站到革命利益这一边，有的走向了反面。包士彦虽属后种人，我们党尽量争取与他合作，但他始终不觉悟。1947年5月，内蒙古召开人民代表大会，东部和西部成立统一的内蒙古政府，包士彦反对乌兰夫同志当主席。开会回来后，蒙古族进步青年激烈反对他，开会批评他，说他没资格代表蒙古族同胞说话。当时旗委考虑到包士彦对于新政权的建立做过一些有益的工作；另外，处理过严，对于争取上层人物可能不利，因此，向蒙古族人民反复解释党的政策，征得他们同意，只给包士彦撤了职，选了一位蒙古族进步青年包文雅当副旗长。从此，旗政权逐渐巩固，各项工作顺利开展了。

第四节　开展反奸清算斗争

1947年6月，按照上级要求，在全旗开展了反奸清算斗争。反奸清算，主要是反对敌伪汉奸势力，清算与日伪勾结欺压老百姓的恶霸、地主的剥削账，地主中有很多和日本侵略者勾结作恶，很多伪官吏、警察本身就是大地主。所以，反奸清算既打击了敌伪势力，又打击了封建势力。

在开展反奸清算斗争中，包士彦出身于蒙古族贵族家庭，反奸清算开始时，他赞成清算汉族地主，不同意清算蒙古族地主。一些蒙古族群众还没有觉悟，冲不破狭隘民族主义的束缚。

为了推动反奸斗争的全面开展和保证各项工作的顺利进行，旗委认真研究确定在团结、争取蒙古族上层人士的同时，发动蒙古族下层群众，有计划地培训蒙古族青年干部。张霁中曾写信向当时在松花江南的郭尔罗斯前旗作调查研究工作的郭峰询问（他在太行山区曾任政策研究室主任、辽宁省委第一书记），郭峰很快给张霁中回信，表示同意他的意见，并提出自己的一些看法和意见。即，采取注意团结少数民族的基础上，对罪大恶极的蒙古族汉奸、地主应进行清算斗争；并要照顾到蒙古族群众的觉悟、情绪，要启发蒙古族群众自己起来进行斗争。对有罪恶的蒙古族上层人物的处理，采取谨慎态度。从此，对蒙古族地主、汉奸的清算斗争很快开展起来。包士彦阻挠对一些蒙古族地主、汉奸的斗争。旗委一面通过和包士彦熟悉的赵廷梁做他的思想工作，一方面发动蒙古族进步青年控诉蒙古族地主、汉奸的罪恶行径，反映蒙古族群众的要求。包士彦面对事实接受了建议。郭后旗在清算蒙古族地主、汉奸时主要由蒙古族群众进行，清算出来的财物主要分给蒙古族群众，这样避免了民族纠纷，对反奸清算运动的顺利发展起到了保障作用。

在开展反奸清算的过程中，逐步建立了区、村政权。当时全旗划分十个区，由于老干部太少，区委书记和区长无法配齐，经请求从部队派来十名连、排干部：王苏平、吕刚、仲心甫、吴鞠亮、韩传熔、沈青流、徐安义、张振余、王学勤、聂从根等，每个区派一名任区委书记或区长，又从当地青年干部中选拔一名任区委副书记兼副区长，这样区政权就建立起来了。包士彦提出每个区派一名蒙古族区长，旗委接受他的建议，于是从蒙古族青年干部（多数是新发展的党员）中选拔了十人派到各区任副区长。村政权也在反奸清算过程中逐步建立起来，村长都是运动中涌现出来的积极分子。随着运动的深入，区、村政权不断做了调整和充实。

在开展反奸清算，建立区、村政权的同时，组建自己的武装力量。首先成立了县保安团，由崔金川任团长，张霁中兼任政委（这是张霁中的公开身份，因为当时旗委不公开，旗委机关的公开牌子是各界人民联合会），张明汉任参谋长。保安团挂起牌子后，从一个班、一个排到一个连逐步发展起来。起初是通过先入伍的战士动员他熟悉的人参军，犹如"滚雪球"，逐步发展壮大，按照军分区规定的任务，不断向主力部队输送兵源。保安团经常保持三四个连，五六百人，连、排以下的干部，除了每个连的指导员由老同志担任外，连、排长都是从新吸收的青年干部和战士中选拔。枪支弹药主要是通过反奸清算运动，从敌伪官警和地主手中收缴上来的，以及在剿匪中缴获的。有的大地主一家就藏有很多枪和子弹。随着运动的深入和剿匪的胜利，收缴的枪支弹药越来越多。

第五节　开展剿匪斗争

1947年当地土匪活动相当猖獗。土匪一般由敌伪军警、地主、富农、地痞、流氓等人落草为寇，有的三五人一伙，有的二三十人、四五十人一帮，也有一二百人一股的。这些土匪都想趁机霸占一方，鱼肉百姓，升官发财。"要当大官，先拉杆子（当土匪）"就是他们的信条。据1947年9月20日统计，全县共枪毙土匪197人，这些土匪虽然都是乌合之众，但要消灭他们并不容易。1946年上半年，县保安团主要行动就是打击本县的这些小股土匪。大约二三月间，县保安团一个连配合主力部队一个营，消灭了一股200多人的土匪。其他土匪一看形势不妙，想归顺人民政府，用他们的话叫"落点"，找关系与人民政府联系。有个姓王的土匪头目，立号"东亚"，手下有四五十人。他派"军师"（蒙古族）进城找张明汉联系，说"东亚"不想当土匪了，要落点。张明汉说，请东亚自己来谈谈。他说东亚不敢来，怕扣下不让走，请你们去一趟。张明汉找张霁中商量决定亲自去。经张霁中反复向"东亚"做说服教育工作，最后他带领30多人归顺了人民政府。还有一个土匪头目，他号称手下有六百人，找张霁中谈判，要当营长。经张霁中等人的探察，查明其只有五个手下，并且全部作恶多端，因此，将其就地正法。通过这些剿抚结合的办法，使当地的剿匪斗争取得了较好的成绩。

1947年7月间，郭后旗和杜旗接壤地区部分地主发动武装叛乱，反抗反奸清算，反对收枪，领头的徐国栋是一个外号叫"二蒙古"的汉族地主，在新站区所在地附近起事。7月21日首先杀死去谈判的新站区区长张振余和县保安团第四连（骑兵连）的一名排长。那位排长带去的一班人奋起平叛，由于寡不敌众也都壮烈牺牲了。这股地主武装纠集敌伪残余势力和杜旗流窜的地主匪帮"小三爷"联合，共一千多人，对巩固政权和进行"土改"斗争造成了很大困扰。为了剿灭这股地主武装，嫩江省第四军分区沈司令员亲率分区武装和"三肇"的保安团进行围剿。头几个月，成绩不甚显著。后来部队总结了经验教训，加强了侦察研究，对土匪进行跟踪追击。在部队连续不断的追击中土匪遭到很大削弱，封江后这股土匪武装准备窜到江南去活动。部队掌握了他们的动向后，在三站地区的江套子里设伏等候。就在土匪准备过江的时候，部队发起了猛烈攻击，一举将其全部消灭。

在剿匪过程中，结合反奸清算运动，同时开展了"挖匪根"活动。据1947年9月20日统计，全县挖出匪根92人。江边一些小茅草房子，叫江边窝棚，也称网房子，常常住着一两个渔民，以捕鱼为生。这种地方是不管什么人来都可以吃、住，并为其保守秘密，不向别人透露消息。在敌伪统治时期，它曾经掩护过一些与日伪进行斗争的人。据说有个东北军的营长，杀死了几个日本人，逃到江边捕鱼，一直到解放，才暴露身份。有些土匪与我们的基本群众有各种各样的联系，在群众还不觉悟的时候，土匪在此有容身的地方。特别是所谓"江湖义气"的封建思想还起相当的作用。为了教育江边的渔民分清敌我，分清好人和坏人，结合反奸清算斗争，政府对他们进行了细致耐心的思想政治工作。他们觉悟以后，积极给政府提供情况，变阻力为动力，成了剿匪的积极力量。同时，对敌匪也开展了政治攻势，通过匪徒家属、亲友去说服误入歧途的匪徒弃恶从善，回家生产；对主动回归的匪徒，只要没有重大罪恶，一律既往不咎。随着群众运动的深入和军事剿匪的胜利，一些小股土匪便自消自灭了。到1947年春天，全旗境内的土匪基本上肃清了。

1947年上半年，在反奸清算斗争的基础上，全旗开展了煮"夹生饭"和"砍挖"运动，对前期运动中，由于工作队力量弱、情况复杂等原因，群众还没有被真正发动起来的地方，重新委派工作队，宣传政策，发动群众，清算、斗争汉奸、地主，组织农会，建立和整顿民兵组织。"砍挖"运动是接着煮"夹生饭"之后开展的。进一步发动群众在各区、村抓住那些罪恶大、民愤大的大地主，进行深入的斗争，砍倒这些封建势力的"大树"，挖掉他们的浮财，把他们的土地财产分给贫雇农。这样，就进一步打击了农村的封建势力，树立了贫雇农的阶级优势，巩固了区、村政权。

第六节　开展土地改革运动

1947年秋天，全旗开始进行彻底的土地改革，正式划分阶级成分，小地主和富农都是斗争对象。到了冬天，运动进入高潮，平分土地进入最激烈的阶段，出现了"左"的现象。旗委、旗政府向各地发出通知，让工作队和区委注意防止乱打人等情况的发生。

1948年为配合土地改革运动顺利进行，旗委、旗政府进行了整党审干，教育党员站稳积极立场，过好民主革命关。但在整党审干时，当地吸收的一些出身剥削阶级家庭的党员和干部，一律要回到本村接受贫雇农审查。虽较稳妥，但"左"的思潮也伤害了一些干部。三四月间，土地改革基本完成，群众的革命热情和生产积极性更为高涨，都渴望在自己分得的土地上多产粮食，迅速改变世世代代缺衣少食的贫困状况。由于1947年搞"土改"斗争过多，放松了粮食生产；清算时得来的粮食吃大锅饭浪费得太多；"砍挖"斗争时集体卖掉了一些；车马农具不配套，种子、肥料也不足等，因此到种地时口粮都吃光了。人民政府号召群众艰苦奋斗，互相帮助，并拨发种子和粮食、豆饼等渡过难关。又把农民组织起来，实行互助合作，合伙种地。全县组织3 488个互助合作组织，到1949年有了较大发展。新站四合屯农民收入大幅度增加，户户添置了新被子、新衣服，家家丰衣足食而且有余粮。有几个原来不务正业的人（群众称他们为二流子），参加这个合作社以后也变好了。社长王振堂被推荐当选全国劳动模范，去北京开会，受到党和国家领导人的亲切接见。

第四章　踊跃参军参战
助力抗美援朝

第一节　踊跃报名参军参战

1950年6月25日，朝鲜战争爆发。10月19日，中国人民志愿军在司令员兼政治委员彭德怀的率领下，跨过鸭绿江，开赴朝鲜战场，与朝鲜人民军并肩作战。25日揭开了抗美援朝战争的序幕。由此，郭后旗人民同全国人民一道掀起了支援抗美援朝战争的热潮。

1950年10月，根据朝鲜战争形势发展，为了补充和扩大兵源，中共郭尔罗斯后旗旗委成立了扩兵委员会，由旗委书记任国栋同志任主任。为适应抗美援朝的需要，旗委根据省委和省军区的指示，撤销了旗武装科，建立了人民武装部，编为现役，由地方党委和上级军事部门双重领导。

11月1日，旗委召开了区干部参加的扩兵会议，发动群众，掀起了抗美援朝、保家卫国的热潮。征兵工作一开始，旗委旗政府加大了宣传工作力度。11月8日后各村屯召开多种形式的座谈会，通过新旧对比和形势教育，启发群众阶级觉悟和爱国热情，党员干部带头写决心书。于是，全旗各族人民群众在爱国主义感召下，掀起了积极报名参军的热潮。到11月10日，各区都完成了扩军任务。据统计，当年全旗报名参军的（男、女）共6 098名，占全旗总人口的5%。

二站镇文化村在征兵工作中，村里报名当兵的人数多，积极性高，连一位70多岁的老大爷也报名要求参军参战，最后经村里初选和体检，报名的8人中有3人身体合格，被批准入伍。

茂兴镇贾家馆子的贾士忠，是个独生子，家庭生活条件好。但征兵工作一开始，他就要求报名当兵，着时让左右邻居竖起大拇指，连说"想不到"。贾士忠临走前，其父贾老板没有流露出一丝舍不得之意，还教育这位少东家，要珍惜这次入伍机会，报答党和国家的恩情。1951年3月，17岁的贾士忠入伍担任"八五"高射炮4炮手。在著名的"夏季反击战"中创造了"八战九捷"的辉煌战例，即用八发炮弹打下九架飞机，成为各团纷纷学习的对象。

朱占发是大兴乡同心村人，抗美援朝战争开始，他还在学校读书。放寒假回家时，响应政府的号召就报名参加了志愿军。过鸭绿江后，他和战友走了25天盘山路，才补充到作战部队。在关峪山战役中，他在重机枪射手牺牲后，由副射手转为正射手。当时的重机枪射手，是美国军队的主要射击目标，所以朱占发做好了随时牺牲的思想准备。就在这场战争中，朱占发后脑被敌人机枪扫上了，团政委命令他撤下去，但他坚持轻伤不下火线，至今还有一块伤疤留在脑后。

刘凤岐是民意乡人，1950年入朝参加中国人民志愿军。三年的抗美援朝战争中，由于屡立战功，从士兵晋升为连长。1952年6月部队四打老秃山时，他还是一个副排长，经过40多个日日夜夜的战斗洗礼，锻炼了他应付各种情况的能力。在三打老秃山战斗中，他指挥尖刀班上了山头后，发现前方有一个地堡，他一跃冲过去，用卡宾枪对准地堡眼就是一阵猛打，又扔了两颗手榴弹，心想差不多了，该进去抓活的。他发现一个家伙双手抱脖子，他把枪哗啦啦地拉响，嘴里喊出"哈罗！哈罗！"美国兵哆哆嗦嗦抬起头，举起双手当了俘虏。刘凤岐就用这样捉俘虏的办法，继续去搜索，在其他地堡里又抓了一名俘虏。

杨志明是头台镇人，这位热血青年，在保家卫国的口号声中参军入伍，在志愿军总部彭德怀司令员身边任机要秘书，立过功，受过奖。作为毛岸英的战友，他亲历毛岸英牺牲的重大事件，1958年归国退伍还乡，隐功埋名，甘为庶人，在农村从事一辈子平凡的文化事业。生前写出了《千日烽火》等朝鲜战场回忆录，为后人留下了国际主义和爱国主义教材。

全旗参加抗美援朝战争的人中，还有许多是刚参加完国内解放战争，又转赴抗美援朝战场的，涌现了许多可歌可泣的英雄事迹。

郭纯是超等蒙古族乡维新村人，1947年参加解放战争。1948年10月14日在攻打锦州战役中，胯部受到重伤，他凭借对剥削阶级的仇恨，练就了过硬的军事本领，经过几年的战火考验，很快从班长提升到排长。1950年随39军18团7连从丹东黑夜渡江入朝。入朝后，由于战事紧张，志愿军战士常常吃不到米饭，炒面成了战士们的伙食。为了容易下咽，战士们先吃雪后吃炒面，这样就噎不着。艰苦的环境并没有吓倒郭纯和战友们，在朝鲜打仗的日子里，他们每天都是负重前行，背上的东西除了枪支弹药就是一个布袋，里面装的就是他们每天的食粮——炒面。在朝鲜的河沟里战斗中，郭纯又光荣地负伤了。这次负伤比在国内负的伤还重，他还是坚持不下火线，硬是被战友抬下阵地，送到医院。这时躺在床上的郭纯虽然语言不清，但眼神中仍透露着打败美帝国侵略者的一种坚定和执着。由于伤势严重，加之战地医院缺医少药，郭纯右腿骨骨折，活动受限，郭纯不得不带着三等甲级残废军人证书回到了国内。

邵树森是古恰镇托谷村人，孤儿，18岁参加中国人民解放军，历经辽沈、平津战役和南下作战，有孤胆英雄称号。他随志愿军入朝后，第一仗是云山战斗。晚上，他带两个士兵侦察敌情，在一个山洞里抓住了两个美国兵，获得了战事重要情报，一次立了两次小功。在朝鲜，美国军队对志愿军进行多种方式摧残。美国飞机投下"麦喀斯"，人一旦呼吸到这个东西，人就会没命的。为了躲避飞机，志愿军给每人发一个口罩，白天用松树做掩护，晚上开始行军打仗。后来，邵树森在战场上两次吐血，一条腿严重静脉曲张，部队让他回国治疗，但他凭着毅力带病坚持战斗，直到朝鲜停战。

包福田是义顺蒙古族乡东义顺村人。1946年3月，15岁的他参加了中国人民解放军，在四野某营担任通讯员，后升为排长。1950年10月22日随部队入朝作战，成为一名中国人民志愿军战士。入朝后，包福田所在部队的任务是对朝中边境及附近地区进行清剿，全歼盘踞在云山城的韩国一个师和美军的两个师。当时在朝鲜战场上，因志愿军对周围环境不熟，时有安全问题发生。一日连部通讯员将包福田叫到师部，师长王良太说某团混合营隐蔽在山里，但他们的三面都有敌人在活动，部队处于相当危险境地，便向包福田布置任务，让他到深山里把混合营找到，带到安全的地方。包福田接受了紧急任务，立即乘马出发。这位从小就练骑术的蒙古族牧童抓着马的尾巴渡过了清川江，又骑马走过一山又一山，终于到达一个山顶，发现大山沟里有人，正是师长说的混合营300多人。他迅速找到刘兆营长，便把师首长交代的任务向刘营长做了汇报。于是包福田避开敌人的探照灯，引领部队迂回前进，连夜渡过清川江，夜插诸仁桥，清晨配合一营、二营向敌人发起猛攻。此次战斗，该团歼灭美骑师第八团三营营长奥蒙德少校以下军官742人，击毁坦克14辆，缴获汽车75辆，以及各种枪炮和大量物资。在祝捷大会上，为了表彰包福田单人独骑，挽救一个营的生命，并助力于战斗的胜利，部队批准包福田荣立三等功。

张洪书是福兴乡人，也是解放战争时期的老兵。1950年朝鲜战争爆发后，他又随老部队入朝作战，任警卫连班长，在汉江战役中受了重伤，双手的十个手指只剩下两个半截大拇指，却仍坚持战斗，直到打退敌人的进攻。被志愿军总部授予"特级荣誉军人"，一等功臣，并被中南军区命名为"永远是最可爱的人"。朱德总司令在《战士报》上为张洪书题词，誉为"发出火花的生命"，他受到党和军队领导人的多次接见。回国后，他以顽强的毅力坚持生活自理，不要组织照顾，令人敬佩有加。后因伤病复发而去世。

在入朝志愿军中，许多战士出生入死、奋勇杀敌，将尸骨永远留在了异国他乡，肇源镇人黄成业就是其中一例。黄成业入朝后任侦察连长，在历次战斗中他不怕流血牺牲，先后荣立大功两次，小功七次。1952年6月，在第三次战役中，志愿军突破了被韩军称为"铜墙铁壁"的临津江防线，黄成业不幸在临津江南岸阻击战中牺牲。黑龙江省烈士基金会为他在四方山陵园立了碑。据《肇源县志》记载，像这样的烈士在朝鲜战争中全旗约有80人。

第二节　组建志愿队支援前线

1950年10月23日，为了支援抗美援朝前线，郭后旗旗委、旗人民政府按照党中央的号令，发布了战勤任务分配令，组建了民工大队（即担架队），主要任务是赴朝鲜抬担架、搞运输，进行战场救护等工作。

郭后旗前后共出两批担架队，出动民工1 031人，担架400副。具体部署：每60副为一大队，12副为一中队，每3副为一小队，每副担架6人。郭尔罗斯后旗的两批担架队，都是在自愿报名的原则下进行组建的，由省里统编为黑龙江省抗美援朝第四支队，沙旺任队长，巴彦胡任政委兼党委书记。担架队经过训练，换上军装，并发给枪支弹药，于1951年1月8日开赴朝鲜前线。

入朝后，担架队又进行了改编，由地方和部队共同领导，以部队为主。排以上干部均由部队委派，更名为中国人民志愿军某军某师战勤大队。这支由民到兵的部队，从中朝接壤的丹东入境，一直打到朝鲜的三八线以南，转战三千多公里，抬送伤员，背送粮食，搬运弹药，出色地完成了各项任务，受到上级的多种表彰，众多立功者都得到了奖励。

战勤大队在朝鲜的日子里，为了完成战勤任务，躲避敌机轰炸，多数是走山路、走小路。每个人的鞋上都要绑上防滑的草绳，途中走错了路，又要返回来，许多民兵因脚都起了大泡，不能行走，有的因此掉了队……山野里经常寒风凛冽，吹透了民兵的汗湿棉衣。肚子饿了，来不及做饭，也没有条件做饭，大家就解开身上的干粮袋，从地上抓一把白雪，行军中啃一口干粮（炒面），吃一口雪。担架队的民兵每行进一步都是极其艰苦的。

战勤大队关心朝鲜人民，与朝鲜人民心连心。到了第二次战役期间，朝鲜的多数村庄已哀鸿遍野，关门闭户，找不到人了。战勤大队在行军中，经常遇到一些救助妇女儿童的事情。据大队长沙旺回忆，一次他们路过一个村庄时，已经看不到人了，却听见一个小孩的哭声。出于人道主义精神，他叫身边的通讯员去看看，发现这家的妇女已经死了，只有一个三四岁的小女孩趴在死去的妈妈背上哭，便让通讯员抱了回来，送到护理班交给了朝鲜地方组织。像这样的情况，他们遇到过多次，每次遇到，都由民兵抱到担架上，用被子盖好，带回卫生队，让他们吃饱饭、穿上衣服，然后交给当地政府。

战勤大队在朝鲜战争时期，经历了血与火的考验。据时任战勤大队政委的巴彦胡老人讲述：1951年冬天，国内发给志愿军一批棉衣，由战勤大队负责押运，途中遭到敌机轰炸。因为朝鲜多山，都是盘山道，路又狭窄，没有隐蔽的地方。敌人扔下一串串燃烧弹后，顿时使一车棉装化为灰烬，司机和担架队的一名战士没能幸免，牺牲在这次空袭中。诸如此类遇险的事很多，而担架队员视死如归，个个都是支前模范。

战勤大队的大队长和政委都是蒙古族人，入朝后不怕苦和累，不惧流血牺牲，被誉为两只"蒙古虎"。他们经过抗美援朝战火的洗礼，回国后都得到了提拔和重用，为社会主义革命和建设事业做出贡献。大队长沙旺，入朝前任郭后旗公安局局长，在三年的朝鲜战场上，脑后被弹片击伤，没有要求回国治疗，仍坚持战斗，被朝鲜人民共和国主席金日成授予国旗勋章。朝鲜停战后，他回国献身劳改事业，任黑龙江省劳改局局长。离休后，省劳改系统为表其功勋，在九三农垦局院内为其塑像纪念。大队政委巴彦胡，入朝前任郭后旗委宣传部部长。1951年7月，被提拔为中国人民志愿军总后勤部第一分部宣传科长兼青年科长（正团级）。1952年根据工作需要，回国任郭后旗旗长，同年创造了农业丰产经验，受到国务院表彰。后来在肇源县建成八大灌区，开发水稻生产，被授予全省劳动模范，先后被选为第一届、第二届全国人大代表。

第三节　捐款捐物勇于奉献

1950年10月，全旗掀起了抗美援朝、支援前线、捐款捐物、捐献飞机大炮的热潮，表现了翻身后的各族人民不忘党和国家的恩情，热爱祖国、热爱和平的美好愿望。

1951年6月中旬，中共郭尔罗斯后旗旗委建立了中国人民抗美援朝分会，开展了"签订爱国公约，捐献飞机大炮，做好优扶工作"运动。要求职工3至4万人，农民25至30万人，捐献一架战斗机；工商业者根据经济收入情况，可多捐一些。

据统计，郭后旗为朝鲜战场送去爱国粮50石，给志愿军送炒面3万斤，送毛巾700条，送香烟3 500盒，全旗捐黄金2 385两、银84两、银圆25块、旧币3 574万元，买高射炮一门。各区还积极组织农民准备了大量干菜、棉衣、棉鞋支援前线。

抗美援朝期间，全旗深入开展反美大示威活动。1951年5月1日，郭尔罗斯后旗人民进行了庆祝五一国际劳动节，抗议美帝的侵略罪行大会，旗委书记任国栋在庆祝大会上讲话。此后，城乡居民家家户户都订立了爱国公约，以支援"抗美援朝，保家卫国"为最大的光荣。同时，加强地方武装力量，维护社会治安，严防敌特破坏活动。组织民兵积极参加镇反和防火、防盗、防特工作。各区都成立了防奸防特组织，以巩固后方安全。

抗美援朝期间，政府对志愿军及其家属进行了优抚和抚恤工作。在三年抗美援朝的时间里，全旗有近1 400名优秀青壮年参加了抗美援朝战争（包括担架队民兵），有近一百人献出了生命，还有负伤致残的、积劳成疾失去劳动能力的。为此，1951年2月28日旗委发出通知，要求全旗对无劳力和缺劳力的军烈属和残疾军人、入朝担架队的民工全部实行代耕制度，稳定了军心，提高了战斗力。

1951年以来，旗民政部门按照国家颁发的《革命残废军人优待抚恤暂行条例》和《民兵民工伤亡抚恤暂行条例》，对伤残志愿军进行检评，落实了抚恤和安置政策，并定期召开烈军属、残、转、退、复军人代表大会，表彰先进，奖励模范，树立典型，激发人们在抗美援朝、保家卫国年代里，"发扬革命传统，争取更大光荣"。

1953年7月27日，历时二年零九个月的抗美援朝战争以中朝军民的胜利和美国的失败而宣告结束。1958年，中国人民志愿军全部撤离朝鲜。1958年5月13日，归国的志愿军部队一个团的官兵来到肇源访问，并参加肇源县堤防工程建设会战，县委、县政府召开万人大会在街心欢迎，其中有志愿军战斗英雄黄继光的战友和弟弟黄继恕。他们于7月26日完成了松花江码头段的修堤任务，向县政府作了汇报后，离开了肇源。至今，在肇源城松花江码头堤段还保留着这个部队用混凝土砌筑的"归国志愿军修堤纪念"几个大字，向世人展示着抗美援朝胜利后的中国人民志愿军与祖国、与人民的鱼水深情。

附：郭尔罗斯后旗赴朝志愿军（民兵）（部分）英名录

姓名	性别	出生年月	籍贯	参加革命时间	牺牲年月	牺牲时单位	牺牲时职务
张洪玉	男	1921	畜牧场	1947	1951.7	志愿军	战士
邓庆云	男	1930	裕民乡	1948	1952.4	39军115师345团	通讯员
孙凤祥	男	1933	民意乡	1950	1953	志愿军	战士
包沙拉	男	1930	新站镇	1950	1950	志愿军	战士
王金山	男	1926	新站镇	1947	1952	志愿军	战士
宋福春	男	1928	民意乡	1948	1951	志愿军	战士
窦景贵	男	1930	民意乡	1950	1952	志愿军	战士
宫文汉	男	1930	薄荷台乡	1950	1953	志愿军	战士
窦忠贵	男	1927	大安县	1950	1956	243团	战士

续表

姓名	性别	出生年月	籍贯	参加革命时间	牺牲年月	牺牲时单位	牺牲时职务
谢宝祥	男	1921	茂兴镇	1947	1956	39军115师350团	班长
于文江	男	1929	裕民乡	1948	1956	39军117师351团	班长
张万真	男	1923	头台镇	1950	1951	志愿军	战士
沈成方	男	1927	福兴乡	1946	1950	志愿军	战士
窦振才	男	1930	裕民乡	1948	1951	志愿军	战士
李景山	男	1929	裕民乡	1950	1952	志愿军	战士
于文春	男	1928	富强乡	1948	1951	志愿军	战士
王成祥	男	1928	新站镇	1948	1951	志愿军	战士
熊明岐	男	1930	茂兴镇	1950	1952.8	志愿军警卫连	战士
郭万友	男	1925	薄荷台乡	1950	1952.8	39军机枪班	战士
张希才	男	1914	薄荷台乡	1950	1952.8	29军机枪班	战士
张会	男	1920	和平乡	1949	1951	124师32团	战士
韩瑞昌	男	1924	薄荷台乡	1947	1951.6	志愿军	战士
李元清	男	1928	和平乡	1947	1951	志愿军	战士
齐万才	男	1921	薄荷台乡	1947	1951	志愿军	战士
聂殿清	男	1929	薄荷台乡	1950	1951	志愿军	战士
于文清	男	1928	新站镇	1950	1953.7	志愿军	战士
柴万祥	男	1931	新站镇	1951	1952	志愿军	战士
刘万路	男	1932	薄荷台乡	1951	1953.4	38军炮兵连	战士
刘凤岐	男	1930	民意乡	1950	1953	志愿军	连长
孟令德	男	1930	茂兴镇	1950	1951	志愿军	战士
崔臣	男	1926	茂兴镇	1947	1950	117师350团1营	战士
赵江	男	1931	茂兴镇	1946	1952	志愿军	班长
刘北平	男	1914	茂兴镇	1950	1951	担架队	民兵
尹清	男	1917	茂兴镇	1950	1951	担架队	民兵
于文德	男	1932	新站镇	1950	1952	志愿军	战士
刘寿喜	男	1929	新站镇	1950	1951	志愿军汽车连	战士

续表

姓名	性别	出生年月	籍贯	参加革命时间	牺牲年月	牺牲时单位	牺牲时职务
林玉山	男	1934	新站镇	1950	1953.7	担架队	民兵
谷长福	男	1929	古龙镇	1947	1952	39军115师343团	战士
史洪发	男	1925	古龙镇	1950	1952	39军115师343团	战士
韩忠才	男	1930	古龙镇	1950	1951	志愿军	战士
黄万才	男	1929	古龙镇	1948	1951	39军炮兵营	战士
李贵喜	男	1919	永利乡	1946	1950	39军115师	战士
王天岭	男	1931	永利乡	1948	1950	117师350团	战士
顾兴龙	男	1932	永利乡	1946	1950	39军117师	卫生员
张洪田	男	1933	福兴乡	1950	1951	东北后勤部	战士
陈永富	男	1933	福兴乡	1950	1953.4	116师348团	副班长
于占发	男	1929	薄荷台乡	1948	1950	志愿军	排长
杨百明	男	1926	三站镇	1950	1952.12	后方勤务部2营	战士
李万昌	男	1926	三站镇	1948	1952.1	117师351团	战士
冯贵章	男	1931	三站镇	1951	1951.2	33团6营	战士
王守民	男	1927	肇源镇	1956	1953	志愿军	副连长
吴跃忠	男	1929	肇源镇	1948	1951	39军343团	通讯员
刘相国	男	1927	肇源镇	1947	1950	志愿军	战士
牟占全	男	1926	肇源镇	1948	1952.1	志愿军炮兵	副班长
王志革	男	1909	肇源镇	1946	1953.3	354团后勤处	管理员
韩广厚	男	1922	肇源镇	1946	1950	363团2营4连	排长
李振兴	男	1930	古龙镇	1950	1950	担架队	民兵
安国义	男	1924	超等乡	1946	1950	39军警卫连	战士

续表

姓名	性别	出生年月	籍贯	参加革命时间	牺牲年月	牺牲时单位	牺牲时职务
刘海连	男	1929	超等乡	1947	1951	38军工兵营	副排长
李广菜	男	1926	超等乡	1948	1951	39军117师	战士
赵志	男	1921	三站镇	1947	1952	38军112师	战士
单德志	男	1928	头台镇	1946	1952	志愿军	战士
古树	男	1926	头台镇	1947	1951.11	志愿军	班长
王树春	男	1932	头台镇	1950	1951	志愿军	战士
葛瑞安	男	1922	头台镇	1947	1950	117师351团	战士
刘生	男	1928	富强乡	1947	1950	663团	排长
王显庭	男	1922	裕民乡	1948	1951.12	115师345团	战士
孙显堂	男	1929	三站镇	1950	1952	志愿军	战士
张丙全	男	1929	三站镇	1947	1950	117师351团	副班长
马德林	男	1930	三站镇	1948	1951	志愿军	战士
高志金	男	1926	三站镇	1947	1951	117师351团	排长
邢德林	男	1929	三站镇	1948	1951	志愿军	战士
关德民	男	1927	超等乡	1946	1950	志愿军	战士
杨德祥	男	1927	古恰镇	1950	1951	志愿军	战士
韩文礼	男	1927	超等乡	1946	1950	志愿军	战士
朱忠德	男	1925	肇源农场	1951	1952	东北军区整洲37团	战士
李永久	男	1926	兴安乡	1947	1951.2	112师336团	战士
邹青林	男	1930	古龙镇	1946	1953	志愿军	排长
张明祥	男	1916	新站镇	1950	1951	担架队	民兵

第五章　成立人民公社
人民当家作主

第一节　消除剥削制度　走上互助之路

　　1946年，当时的土地所有权还掌握在封建地主手中，但经过减租减息、反奸清算和"砍挖"斗争，广大农民开始得到了自己的丰收果实，初步解决了饥馑问题，是年全县减租粮食达万余吨。1947年冬，经过查阶级定成分之后，农民直接从地主手中夺回土地，实现了"耕者有其田"。全县129 610口人分得土地166 920亩、牲备22 056头（匹）、房屋52 868间、粮食581 530斤。从此，县内消灭了封建地主的剥削制度。

　　1948年春，全县农村组织起来3 488个"四四二"合作社和插具换工小组，由于缺乏经验和在劳动报酬上的各种平均主义，因而未能得以巩固，形成"春插夏散秋垮台"的局面。1949年"四四二"合作社大量减少，单干户增加到40 989户。1950年组织"人合心，马合套"的常年和季节性互助组，大部分农民参加，单干户减少到1 230户：1951年互助组增加到4 166个，其中临时组857个，占互助组总数的21%：季节组1 926个，占46%：常年组1 383个，占33%。1953年小组数量减少，组内户数增多，常年互助组规模扩大数量增加，达到1 569个，临时组减到389

个，季节组减到820个。劳动力按其特长和体力合理分工，收益所得按出勤工日和贡献大小，由民主讨论进行合理分配。

全县最早建立的初级社是1953年开始的。当时有七区（新站）四合屯的王振堂、五区（头台）沿海屯的彭喜江、二区（水利）盂克里电的孙井云、二区（兴安）双合屯的刘海峰四个互助组，试办了农业生产初级合作社，实行入股分红，土地和其他主要生产资料一律入社。1954年推广发展到98个；1955年发展到428个。入社21 296户，占总农业户的63%；入社土地776 628亩，占总面积85%；单干户只剩260户（其中代耕户占大多数）。

1955年，实行农业社会主义改造，在初级农业生产合作社的基础上，开始建立了第一批高级农业生产合作社。1956年初，全县共建立了153个高级社，入社农民33 746户，占农户总数的99.3%。土地、牲畜、大型农具作价归社，实行评工记分、按劳分配，统一经营、统一管理，生产范围扩大，收入增多，开始有了公共积累。虽然当年灾情又多又重，但由于组织起来有了抗灾能力，因此普遍取得了好收成，并有73个社增了产，也有很少部分社因管理不善，领导不利，减产减收，促成有的农民闹退社。

第二节　违背客观规律　实行共产冒进

到1958年9月1日建立了15个人民公社，166个管理区，796个生产队。同年10月1日，实行一县一社的供给制，实行"一平二调"，北户南迁，"东蓄西调"，并将社会主义的"各尽所能、按劳分配"的原则改为"各尽所能、按需分配"，大肆宣传一个县可以进入"共产主义"的极"左"路线。由于违背了客观规律，使社会生产力遭到了严重破坏。工业生产片面追求高速度，

1958年工业企业一年发展到164户，比1957年增加101户，出现"肇源工业遍地开花"，耗资巨万，受益甚微，以至一哄而起，也一哄而散，于1963年前全部关闭。这一时期工业生产极不稳定，直至调整时期的1965年，曾出现1961—1964年连续四年工业负增长。到1965年，工业生产才开始回升。

1958年9月16日，肇源县变为一个公社，实行统一核算，统一分配，统一调动人力、财力、物力。同年10月1日在悬灯结彩、锣鼓喧天声中，迈入"共产主义"，城乡26万人民实行供给制。极"左"路线给肇源带来如下结果。

一是违背客观规律的供给制。范围和表现形式大体上分两种：①实物供给制，鞋帽、衣服和日用品按人供给。伙食供给标准分为大、中两灶。农村大灶每人每月5元（烧柴未计算在内）。城镇每人每月10元，中灶分为县级干部、一般干部、工人、农民，大、中、小学学生等。其中，最高者每人每月23元，最低者每人每月9元。②津贴供给制。分为六类：干部、工人、农民、勤杂员、学生、老人。其中干部分为五级，每人每月津贴最高者20元，最低者7元；工人分为五级，最高者每人每月12元，最低者3元；农民分为三级，最高者每人每月4元，最低者2元；学生最高者每人每月2元，最低者5角；老年人每人每月2元；勤杂员每月3元。

二是超越现实条件的福利事业。为了尽快体现共产主义优越性，不管群众思想通不通，物资条件如何，调用城乡群众一万多间居民住宅，大办福利事业。肇源镇11月8日一昼夜全面调整了居民住宅，有80%的居民搬了家，建立了以机关、学校、企业为中心的29个居民点。因为突然变迁使很多人外出归来找不到家。

全县普遍建立托儿所、卫生所、招待所、敬老院、幼儿园、妇产院、缝纫厂、鞋帽厂、集体食堂、澡堂。"集体福利之花遍开全县，高举红旗向共产主义迈进!"到11月末共办起集体食堂1 184处，老年食堂177处，幼儿园食堂695处，学校食堂348处；农村有简易澡堂1 013处，托儿所1 156处，95%幼儿入了幼儿园，75%的婴儿入了托儿所；农村建立了170 处妇产院，195个保健站，50处敬老院，进院老人600多人。

三是不顾物质条件的集体食堂"十化"。饭菜多样化，粗粮细做化，餐厅食具卫生化，喝水开水化，老人妇幼炕桌化，食堂课堂结合化，老人妇幼单灶化，吃好吃饱节约化，管理民主科学化，炊事人员红专化。集体食堂强调吃饱吃好，做到饭菜半个月甚至一个月不重样，早晚两个菜，午间四个菜，不少食堂吃多少、添多少，每人每天平均吃菜三斤多。由于当时一些人只顾赶标兵学先进，争取插红旗，不算细账，当年全县产蔬菜四千多万斤，两个多月就消耗蔬菜两千多万斤。有的食堂每人每日用粮2.5斤，造成粮食很大浪费。因此全县到处流传"干不干三顿饭，玩不玩三十元"的民谣。三站作业区的饭店，认为来住旅客都是一家人，实行免费就餐好几天；多数人认为在供给制下家具、农具也没用了，把好锅摔碎卖给废品收购部，把柜拆卖板子或烧火，把猪和家禽杀了吃肉等。

四是脱离实际的农业生产"大跃进"。1958年11月17日召开县委扩大会议决定："1959年农业生产跃进指标是确保亩产4万斤，争取5万斤。"11月29日召开"庆丰收总路线开花结果，再跃进争上游大放卫星"大会，提出亩产2万斤指标、5万斤决心、10万斤干劲，争取全国冠军。

①农业"十化"：全部水利化，土地深翻化，高度密植化，标准园田化，管理专业化，机械电器化，全县无灾化，肥料化肥化，种子优良化，灌溉机械化。并且违反客观规律提出："指挥玉皇，气死龙王，杀死虫王，保证亩产2万斤"；"干劲气吞

山，能破地和天，人有多大胆，地有多大产"等口号。实行少种多收，高度密植。谷子每坰地播种两石到两石五斗，保苗一亿株。水稻每坰播种两吨半，保苗八千万株到一亿株。小麦播种两吨半，保苗一亿株。大豆播种五百斤，保苗50万株到60万株。因地力不足，多数庄稼子粒不饱满。

②深翻：1958年10月召开第十次县委扩大会议决定，全部耕深翻第一尺半以上，其中深翻三尺和二尺以上的各2 250亩，四尺到一丈的750亩，二丈深的一两亩。深翻口号是"冷也翻，冻也翻，坚持闹过深翻关；翻地先翻心，翻掉保守根；举昆仑挟泰山，坚决把冻地翻，天寒地冻不下火线；深翻一犁土，增产三万五；犁过土开花，先翻三尺八；警告土地老，从今我当家"等，结果翻坏土层，禾苗不长或长得不好。为了加快深翻进度，全县铁木匠日夜激战，制作绳索牵引机，到11月5日统计完成绳索牵引机4 062台，其中实用的1 727台。还从北部头台、大官、兴隆、浩德、义顺、富强等作业区抽调了民兵团25 000多人支援了三站、和平等作业区进行深翻积肥，要求每亩施肥40万斤。从10月初开始，50天内建成化肥厂1 000处，到年底5 000处，生产出各种化肥10万吨，争取15万吨。为了凑数，荒山坡上撮起一堆土，猪舍、马圈、牛棚、鸡鸭鹅圈等处都挂上"化肥厂"的木牌子，人人都做粪球，全县共做了三亿多大粪球。因为用黄土制作的假粪球，秋收时还未溶解。

③拔白旗插红旗：为了加速"共产主义"的进程，各项指标说得越大越好。在检查评比时，采取上台比武打擂，拔白旗、插红旗的办法鼓舞大家的干劲。结果造成干群人心不安，使党风受到严重破坏。11月11日召开全县四级干部会议，会上进行比武打擂。15个作业区，13个插上了红旗，二站等两个作业区插上了白旗。

④组织军事化：为了实现军事化，大部分作业区干部群众都有军衔标志，使人啼笑皆非。

⑤一平二调：穷富拉平，物资归大队。报酬不分优劣，劳动不分好坏，一律"吃官饭、穿公衣、干官活、领公钱"。实行权利高度集中，随便调用各管理区生产队车、马、劳力、房屋、家具、柴草乃至铁锹、二齿子等生产、生活资料。

⑥北户南迁：县委三届一次全体会议决定全县15个作业区（人民公社）和1个国营农场，划分为八大管理区，即二站、三站、和平、永利、超等、肇源镇、北海、新站。11月8日常委会议决定为集中兴建八大管理区，采取北户南迁的措施，义顺留300户，迁往超等1 000户；兴隆留200户，迁往永利1 000户；浩德留300户，其余迁往三站；新站留400户，迁往永利1 000户；茂兴迁往二站1 000户。当时处于数九隆冬，寒气袭人，各管理区动员群众迅速迁往指定地点，群众怨声载道，老年人落泪不搬，有的朝迁暮归，给群众生产生活带来许多困难和危害。

肇源县"共产风"从开始到结束共刮了173天，中央郑州会议批评了这种做法，县委于1959年3月23日召开全县五级干部会议，纠正了错误。

之后，农村人民公社实行"三级所有"，生产小队为核算单位。1964年全县变为20个农村人民公社，204个生产大队，1 303个生产小队。由于以生产小队为核算单位，分配趋于合理，农民的生产积极性得到了充分调动，人民当家做主参与国家事务管理，权利得到充分发挥。

第六章　建设美好家园
造福子孙后代

第一节　总结丰产经验　推动农业进步

1952年，郭尔罗斯后旗道宝、四合、孟克里、支援等村出现高产田，高产田的出现，引起旗委、旗政府的高度重视，主要领导亲自深入田间总结和推广经验。尤其是八区道宝村村民方纯智谷子亩产超千斤，由此引发轰动全国的"肇源52丰产经验"。

1951年，对于郭尔罗斯后旗来说是一个春干、夏旱、秋涝等七灾八难的年份，这对还在温饱线上徘徊的农民无疑是雪上加霜。多打粮食，让农民吃饱饭成了旗、区政府的首要问题。说起方纯智，72岁的于长江与方纯智十分熟悉。

当时的古龙镇由于受种子品质、耕作技术、管理经验等诸多因素的影响，到了20世纪50年代初，在保苗上，"七不毁、八不攒"，"有苗无苗当中留一条"依然是农民的生产习惯。因此，缺苗断条和苗欺苗的现象严重阻碍了粮食增产。粮食亩产徘徊在50斤左右，农民温饱问题难以解决，此时的农民还未能冲破"种在地、收在天"的思想束缚。

恰在此时，1952年初，中共中央东北局发出"每垧增产5斗粮"的号召。为了响应上级组织高产的指令，实现农民期盼多打粮食吃饱饭的愿望，旗委、旗政府在全旗各区中普遍开展爱国增产竞赛运动。旗委、旗政府根据上级指示，动员全旗干部、农民精耕细作，在有效的土地上产出更多的粮食。那时的农民都缺少文化，种地相互看着种。八区道宝村村民方纯智头脑灵活，一心扑在种地上。15亩谷子产量13 950斤，刷新了谷子高产纪录。这在当时来说是一个奇迹。

方纯智因为谷子丰产被评为省级劳模。十里八村的农民都亲切地称他"方劳模"。旗委第一时间组成调查组深入方纯智家谷田。调查组经过深入细致地调查认为：方纯智家的谷子之所以高产，一是上肥多；二是前茬好；三是管理精。在第一次总结经验的基础上，旗委书记任国栋带领农业技术员石凤鸣等人再次到方纯智家谷地调研。这一次调研比第一次更加深入细致。第二次得出四点经验：一是茬口好、底肥足；二是播幅宽四寸、苗均匀；三是保苗率高，每尺留苗十六七株；四是苗期追了农家肥。就此总结出"等距离播、间苗保苗、分期追肥"的12字新耕作法，随即在全旗掀起一场声势浩大的推广运动。

在以后的农业生产中，郭尔罗斯后旗对1.2万名互助组长和1 000名宣传员进行新耕作法培训，全旗十二大农业区动员3万名妇女参加间苗工作。当年使用新耕作方法成效显著，新耕作法得到迅速推广，秋收时节收到实效。郭尔罗斯后旗在新耕作法的牵引下，获得了空前的大丰收，平均亩产114.5公斤，创造了农业生产历史最高纪录，产量翻了一番。

1952年4月24日，旗委书记任国栋亲自到七区新站四合村，同该村干部一起深入田间，采取查弓口、数茬株数、秤穗头，计算出高产田和一般田亩产量的细致做法，从比较中使人们看到缺苗少肥与保苗多肥的产量差距，采取新耕作法的高产田产量比过去一般田的实产高出三四倍。

四合村经过细致的算账和充分的讨论，干部和群众一致认为，"宽垄窄播、植株不全、耕作粗放、粪肥不足"是影响粮食单产的主要原因。

事隔三天的4月27日，任国栋在深入实际、提高干部群众思想认识的基础上，主持召开了四合村及其附近五个村的干部会议。会上，四合村干部介绍了本村调查分析和算账情况。

会后，四合村带头修改了生产计划，粮食作物平均亩产由249斤提高到372斤。这一行动，更加增强了旗委、旗政府推广新耕作法的信心和决心。

任国栋在摸索和总结经验的基础上，又和五个村干部在一起开会共同研究，找出了缺苗、行距过宽、苗的稀稠不均是实际产量低于当年产量的基本原因。

任国栋调查回城后，连夜召开旗委常委会议，决定由常委们分工包片召开区委书记、区长会议，传达贯彻旗委关于推广新耕作法的决定和具体做法。会议结束后，任国栋又一头扎进田间，选树典型，进一步有力地证明了推广新耕作法的可行性和可靠性。

在任国栋心里，多打粮食是终极目标。旗委、旗政府组织参观评比红旗竞赛，宣传先进人物和事例等。这样做的结果，不但使1952年得到了大丰收，而且使新耕作法深入人心，为1953年的农业增产运动打下了基础。

肇源县的丰产经验是把群众的经验、智慧集中起来，不用多花钱，不用添置新农具，简单易行，便于群众接受。从那以后，新耕作法蕴含的朴素哲理，被一代代肇源人传承，并伴随科学技术的普及应用，创造一个又一个丰收年。

1952年，郭尔罗斯后旗新耕作法全面推行，轰轰烈烈的爱国增产竞赛运动让农民得到了实惠。全旗187个行政村，有125个行政村修改了丰产计划，有169个村、4 073个互助组和农业生产合作社搞起了爱国丰产竞赛。在遭受严重自然灾害的情况下，获得了前所未有的丰收年景。

新耕作法的施行，使农作物产量大幅度提升，比1951年每亩平均增产111斤，是中共中央东北局要求的每垧增产五斗粮的6.66倍，比郭后旗历史最高纪录的1950年亩产增加47%。

全旗有43个村平均亩产超过了300斤，1 073个组平均亩产270斤以上。在高产典型中符合国家奖励标准的269个，高产面积45 870亩，平均亩产597斤。谷子、高粱、大豆、小麦的大宗作物都有高产典型。东北地区大力推行"肇源丰产经验"，粮食产量超百万吨。

肇源的丰产经验引起了各级党委和科研部门的高度重视，中央和省级农业、科研部门跟踪指导。中央农业部农政司的领导及著名土壤专家熊毅等人来肇源进行检查指导，并给予很高评价，确认"等距离播、间苗保苗、分期追肥"是一条成功的经验，有极高的推广价值。

黑龙江省委、省政府领导肯定了"肇源丰产经验"，发给各地加以推广。时任国家副主席、东北区政府主席的高岗对《肇源县增产经验总结》作出批示，指出肇源县在大片土地上做到了合理经营，与有些省、县缺乏总结，尤其缺乏推广形成鲜明对比，号召全国"研究肇源的领导方法"。东北农村工作部还召开推广肇源经验座谈会，将情况向中央农工部写了报告。中央农工部批转给各省、区，号召在全国推广。

1952年8月17日至翌年2月6日，"肇源丰产经验"引来参观者络绎不绝，本省36个市、县，以及松江省、吉林省、辽东省、热河省、辽西省等参观123次，10 845人。除东北地区外，还有西北新疆参观团。他们先后参观了孟克里、支援、新发、四合、道宝等20个村。

1952年12月30日，中央人民政府农业部颁发了奖励1952年农业爱国丰产模范命令：郭后旗名列榜首，被授予"丰产县"的光荣称号，奖给爱国丰产奖旗一面、奖金东北币一亿元。旗委书记任国栋被授予"爱国丰产模范工作者"光荣称号，并获"爱国丰产金星奖章"。旗长巴彦胡及石凤鸣、方纯智被评为省模范工作者，获金质奖章一枚。四区三站荣获国家"农业爱国模范区"称号，有8个村、3个农业合作社和25个生产互助组获省级先进集体的奖励。

第二节　兴建水利工程　建成"八大灌区"

在肇源县沿松花江和嫩江分布着八大灌区，八大灌区的建立开启了肇源县农业产业结构调整的农业崭新时代，把全县农业产业结构调整提前半个多世纪，为肇源县提早步入设施农业打下坚实基础。

肇源县利用水利发展农业生产的历史应当追溯到20世纪的1958年，当时由于连年干旱，使肇源县的农业生产举步维艰。针对十年九旱的自然状况，肇源县委、县政府决定兴修水利，中心灌区就是在这一时间节点上建设的。

1958年，鉴于肇源县的地理位置和农业生产状况，当时县委、县政府一班人制定出"因害设防、沿江发展"的水利发展新思路，开始大规模兴建以灌区为主的水利设施。

为了改善农业生产条件，加大农业基础设施建设，突出抗旱保收田建设，肇源县委、县政府把改善水利设施建设放在突出位置，牢牢抓在手上，重点解决农民靠天种、等天收的现实状况。建立灌区的初衷是解决旱作农业的"渴水"问题，随着灌区功能的显现和农业生产的发展，人们将目光聚焦到了水田身上，到了2000年以后，灌区的作用真正发挥在水田生产上，一改当初建设灌区的初衷。

1958年开始，肇源县最早建设五个灌区，分别是中心灌区、三站灌区、胜利灌区、成功灌区、薄荷台灌区。灌区建设时期，正是"大跃进"的火红年代，虽然施工条件艰苦，资金材料短缺，设计不完善且工程紧张，属于边设计、边施工、边效益的"三边"工程，但是，当时人们的思想在战天斗地精神的带动下，个个不怕苦、不怕累，所建灌区除中心灌区是1960年竣工之外，其余四处灌区均是当年建设、当年投入使用，充分体现了"大跃进"时期"多、快、好、省"的建设劲头。直到现在，三站灌区仍然保留着历史的遗迹，依然储存着"大跃进"时期的时代气息。值得一提的是，三站灌区在移址新建时，具有远见卓识的肇源县乡党委、乡政府没有拆除原有灌区，而是把灌区完好保存下来。现在，三站灌区被省政府批准为省级重点文物保护单位。这个带有浓重时代印痕的灌区已经成为肇源县重要文物景点和新的旅游景点。

从1958年开始到1960年前后，肇源县相继建成立陡山、新站、民意、成功、中心、薄荷台、三站和古恰八个灌区，沿松嫩两江水系，在全县范围内形成了八个大型水利枢纽。由这八个水利枢纽向沿江两岸的农田进行灌溉。

作为农业县份，肇源县委、县政府始终高度重视农田灌溉工作，自从建设灌区以来，农民在肇源县、乡（镇）政府的大力引导下，开始水田生产。于是，围绕灌区和泡沼，随后开发出将近15万亩水田，成为全县水田生产的第一个高峰期。为了使水田生产尽快上规模，不断提档升级，水利主管部门开始对灌区升级改造。

　　如果说灌区工程是以水田为主体，那么肇源县水田生产的兴衰自然标志着肇源灌区事业的发展，1978年12月党的十一届三中全会以后，党中央拨乱反正，将工作重心逐步转移到发展经济上来。1980年，肇源县委、县政府在认真总结肇源县水田生产"两上两下"历史教训的同时，再一次决定把全县农业生产的主攻方向转移到水田生产上来。一方面着手更新改造各灌区的设施设备，一方面推广旱育稀植技术和灭草杀虫技术，解决了制约全县水田生产20多年的瓶颈问题。至此，全县的灌区才真正发挥出其应有的功能。

　　在20世纪60年代中期，肇源县再一次掀起农田基本建设的高潮。当时在"小型为主、配套为主、社队为主"的水利建设方针指引下，制定出以"改土治水"为中心的"三田"生产大会战，即"平地建方田、洼地建条田、岗地建梯田"的三田耕作法，从而把全县的灌区建设和水田生产上升到一个新阶段。

　　在灌区建设上，肇源县委、县政府不断加大投入力度，加快大型灌区建设和续建配套与节水改造，稳步推进大型灌区现代化改造建设工作，持续夯实农业发展基础。

　　肇源县水利工程按照"统筹规划、优势互补"工作总基调，实施水利惠民措施，改善生产生活条件，使灌区灌排系统逐步实现引水、输水、配水、灌水等环节全面配套建设，有效缓解了流域区域水资源供需矛盾，为保障粮食安全和促进当地经济社会发展发挥了积极作用，经济效益、社会效益和生态效益都十分显著，被百姓誉为"民心工程、德政工程"。八大灌区建设有力地促进了全县农业综合开发工作，也描绘出今天百万亩水田的美好愿景。

　　肇源县八大灌区建设改变了农业生产环境和条件，克服了自然灾害带来的不利影响，彻底摆脱了农民"靠天吃饭"的思想束缚，使农业生产步入发展的快车道，粮食产量逐年递增。肇源县多次荣获全国粮食生产先进县。

在建设灌区之初，农民把灌区灌溉的水大部分用在旱田生产上，经过实践证明，农民利用江水将旱田改成水田后，水稻比旱田销路广、市场需求量大、效益高。可是水田生产关键在于水源，农民依托的松嫩两江常常水源枯竭，导致水田生产遇到"渴水"的困扰，灌区不得不积极寻找解决办法以满足生产用水。

水利是农业的命脉，灌区水源是水田生产的不竭动力。为了保障水田生产全程用水，除了灌区及时供水外，还需要采取泡沼蓄水和二级倒水确保水源及时供应。

由于江水水位偏低，造成沿江水田乡镇灌溉困难，特别是水田末梢乡镇用水更为紧张。为有效解决水田末梢用水难题，各大灌区抢前抓早、超前谋划、统筹协调，积极开展渠道供水作业。

肇源县水利工程实现了灌区、排灌站、提水泵站、节制闸和渠系全覆盖，使全县旱田"做水种"面积一扩再扩，抗旱保收田面积一增再增。即使遇到严重干旱年份的情况，全县抗旱保收田发挥了优势，实现了玉米和水田达到高产田。值得一提的是，三站灌区在建设时留下了当年的历史印痕。

三站灌区这座雄伟的建筑，虽经六十年的风雨剥蚀，在完成灌溉任务退役后，仍然昂首屹立。现如今，已经成了三站乃至全县的一个旅游景点，更是一部记载三站水利发展史的教科书。

时光荏苒、斗转星移。历经半个多世纪的栉风沐雨，肇源县的水田生产从1958年的不足15万亩，增加到如今的近百万亩，大型水利工程也从原来的五处，增加到今天的几十倍，其中灌溉万亩以上面积的灌区多达八处，它们分别是立陡山灌区、新站灌区、民意灌区、成功灌区、中心灌区、薄荷台灌区、三站灌区和古恰灌区。至此，全县沿江八大灌区仍然发挥着骨干灌区的功能与作用，不断刷新肇源县粮食生产新纪录。

第三节　建造铁质驳船　开辟水上通道

　　肇源县地处松花江和嫩江左岸，坐拥松嫩两江200多公里江岸线，大小船只成为水上运输的交通工具。由于水运批次运载量多、运输成本低而开辟了黄金水道，更给沿江两岸发展带来了生机。

　　肇源县航运公司成立于1969年9月，当时有船只9艘，大宗运输货物主要是原煤、木材、砂石等，运力一度十分饱和。然而到了1977年，经济建设突飞猛进，各种货物运载繁忙，陷入了货物多、运载能力低下的困境。航运公司出现亏损状态。

　　为了扭转这种被动的局面，县委、县政府选派杨崇山到县航运公司担任党支部书记兼经理。面对航运公司职工多、开不出工资的局面，杨崇山所做的第一件事就是问计于民，首先召开座谈会，征求职工意见和建议。全体职工本着对企业负责、对自己负责的态度，展开热烈讨论，最终建议集结点落在建造驳船上。

　　建造铁质驳船，还要建造三百吨位级的铁质驳船，对于一穷二白的航运职工来说谈何容易，总结起来最大的困难有三点：一是没有资金，二是没有技术，三是没有图纸。困难再多也要建造三百吨铁质驳船，于是杨崇山向黑龙江省地航处求援。

　　身为地航处的资深人士周处长深知建造铁质驳船困难重重，在被肇源航运人不畏艰难、勇于拼搏的精神感动的同时，周处长内心也不无担忧。他从全省航运事业和肇源县沿江水上运输的实际情况考虑，尤其是从全省航运事业崛起的角度做深层次研判，最终决定在资金上给予支持。

杨崇山书记做事雷厉风行，说干就干，进料、请技术人员、开辟造船场地，一场轰轰烈烈的建造铁船行动拉开了序幕。

1977年，对于航运公司的员工来说，度过了一个又一个艰难困苦的日夜，全体职工克服一切不利因素，披星戴月，苦干、实干，全员奋战在建造铁质驳船的第一线，为三百吨铁质驳船成功远航贡献着自己的一分力量。

哈尔滨造船厂王师傅被航运公司领导的坦诚所感动，不顾年事已高来到肇源，亲手绘制了驳船图纸。经黑龙江省地航处的领导和专家的审核，批复同意建造驳船。

虽然有了图纸，也有了钢材，建造铁质驳船看似很顺利，但是，摆在航运公司职工面前的困难依然很多。

没有技术人员，杨崇山就去哈尔滨聘请造船专家。建造铁质驳船焊接技术是关键，航运公司没有适合的焊接技术人才，杨崇山就从大庆和外单位精选焊接技术人才调入航运公司，张立春就是从大庆新华发电厂调入航运公司的焊接技术能人，张立春的调入解决了焊接技术难题。

电焊焊接不仅技术是难题，作业时也需要克服很多困难，历经一年半时间，尤其是炎热的夏季和寒冷的冬季给焊接工作带来实际难度。

工人们一条焊缝一条焊缝地焊接，职工经过短暂培训和手把手操作，人人都是焊接工人，造船工地焊花闪闪，此起彼伏。

航运公司的职工在三百吨铁质驳船的建造中，经受住了各种考验，人人不怕苦、个个不怕累，全体职工废寝忘食、夜以继日，使铁质驳船建造进展顺利。

建造一艘三百吨位的铁质驳船并不容易，尤其是在改革之初的1977年更是难上加难。航运人在困难面前不退步，彰显出航运人的胆识与谋略。

在建造过程中，建造工具不可或缺，但是，有些工具是买不到的，只能自己动手先制造工具再造船。

建造铁质驳船靠的是自力更生，航运人全员参战，不会就学，不懂就问，大家拧成一股绳、劲往一处使，形成一个人人都为建造铁质驳船出力的浓厚氛围。

1977年夏季开始动工到1978年夏季，整整一年时间，三百多个顶着星光、踏着月光的鏖战，三百吨驳船建造完工。

驳船验收合格，标志着肇源县航运公司三百吨驳船建造成功，并顺利下水试航。

三百吨铁质驳船凝聚了航运人艰辛的汗水，饱含了航运人敬业的情怀，展现了航运人奉献的豪情。

建造三百吨铁质驳船，对于航运人来说，是一次尝试，是一次历练，更是一次积累，这在全省县级驳船建造史上都是一个奇迹。

交通兴则经济兴。航运公司借助黄金水道的交通便利，在突出打造水上交通格局中，积极建设公路、铁路、水路无缝衔接，实施"以水兴企、以船兴业"的经济发展之路，以发展港口运输来带动企业扭亏为盈。

2005年肇源新港竣工，新港区陆域面积12万平方米，码头岸线200米，建有3个千吨级泊位，年吞吐量达到80万吨，是全省第四大港口。水道向上可通达吉林省松原市、大安市和省内齐齐哈尔市；向下可通往哈尔滨、佳木斯、同江，通过俄罗斯鞑靼海峡到日本海，形成水上贸易大通道，给水上运输业的发展再次带来生机。

第四节　建设新肇车站　开通铁运先河

为了巩固北部边疆国防力量，20世纪60年代中期，一条与滨洲铁路接轨的通让铁路穿越肇源县境内，标志着肇源县进入了水陆、陆路、铁路并行的交通时代。同时，也结束了全县境内不通火车的历史。通让铁路的贯通，在肇源县的交通史上具有里程碑意义。

通让铁路自内蒙古通辽向东北穿过嫩江进入肇源县，在大庆让胡路站与滨洲铁路相连，是一条国有铁路干线。铁三院于1964年1月至1965年4月完成勘测设计。由华北铁路工程局与东北铁路工程局负责施工，通让铁路于1964年7月开工，1966年10月30日开通，1966年12月正式交付运营。总投资人民币2.281 7亿元。

通让铁路在肇源县境内建有新肇、革志、建民三处车站，铁路站段隶属于齐齐哈尔铁路分局。新肇火车站建站初期，只有9名铁路工人，站舍为土坯和砖混结构，当时开通的旅客列车为客货混载。通让铁路是古龙、浩德、大兴等乡镇百姓出行的主要铁路干线。

新肇火车站向西第一站为革志火车站，车站与新肇站同等规模，都是四等车站。革志火车站因坐落在义顺蒙古族乡革志村而得名。革志火车站距离通辽站313公里，是当地百姓远赴内蒙古的最佳铁路干线，也是转向其他铁路的最佳枢纽站。

建民火车站是通让铁路上的一个站点，因坐落在民意乡建民村而得名，是五等站。建民火车站与新肇、革志火车站构建通让铁路在肇源境内的铁路干线。

通让铁路由内蒙古自治区的通辽站至黑龙江省大庆西站，越辽河后东北向经宝龙山过新河，在太平川站与平齐线相接，再经庆丰、工农湖、乾安、前榆至大安北站，从大安北站过嫩江经太阳升、兴无至大庆西站与滨洲线接轨，全长421公里。通让铁路线是内蒙古东部铁路网和东北地区铁路网建设的重要组成部分。通让铁路在肇源县的布设站点，加快了通让铁路连接东北地区和内蒙古东部铁路网的进程，是联结东北三省一区及中、俄、日三国的交通枢纽和商品集散地。

2004年，依据《铁路车站等级核定办法》规定，综合考虑车站人口、文化、外事、运输布局、发展趋势等因素，新肇火车站被升格为二等站。为全县优化对外交通、实施内引外联提供了强有力的支撑。

新肇火车站有通往天津、济南、上海、杭州、长春、大连方向等地列车，每天接发列车3对，对开列车6趟。年发送旅客8万人次，货物运输也逐年递增。

新肇火车站在日常运营过程中，不断加强客运安全管理，提高客运服务质量，适应客运量快速增长的需求。同时，进一步发挥旅客运输中的枢纽作用，必将带动肇源县投资、旅游等相关链条产业的发展，成为经济发展的助推器。

新肇火车站晋升二等站后，候车室于2011年春季进行改建，年底投入使用。车站候车室占地面积近2 500平方米，集售票、候车、行包为一体的现代化铁路车站。2017年改造成电气化铁路。

肇源将着力构建现代化交通网络，形成外通、内畅、高效、平安的综合交通体系，成为大庆地区综合交通枢纽和物流中心。新肇火车站的提档升级对于地方货物运输和拉动地方经济发展具有强有力的铁路支撑。

在通让铁路线上，新肇火车站集中力量推进客运、货运增量行动，并施行客运、货运提质计划，客货运输均实现同比大幅增长，交出一份亮丽的铁路运输经营成绩单。

新肇火车站努力实现运力投放与客流需求精准匹配，满足日常、周末、小长假、春运暑运及突发客流的需求，运输成绩屡创新高。旅客发送量完成进度为近年来最好水平。

新肇火车站战略装车点工程于2011年5月17号与新肇火车站立交桥同时施工，新肇火车站战略装车点工程是把原来草站专用线和5线进行改造，由原来有效长232米延长到910米，可以一次双线同时装车60辆，提高运能6倍，加速了铁路交通的运载能力。

2011年依托新肇站建设新肇内陆港。新肇内陆港由沈阳铁路局投资1.8亿元兴建，占地20万平方米，由3万平方米铁路罩棚、10万吨仓容、2万平方米站台和10万平方米集装箱货及新肇站场组成。新肇内陆港的建成有效地扩大了粮食集散地的集聚功能，对于北粮南运必将起到积极促进作用，增强了肇源县对外交流和发展能力。同时，作为黑龙江省西部最大的内陆口岸，对于进一步完善大庆乃至全省粮食现代物流体系，确立黑龙江省在整个东北地区的粮食流通枢纽地位具有重要的战略意义。

第五节　十年"文化大革命"　经济社会受影响

肇源县的"文化大革命"是从1966年8月28日肇源二中教师带领二中学生上街游行"破四旧、立四新"开始。一段时间内，肇源各级党政组织完全瘫痪，各个机关单位一盘散沙，学校停课、工厂停工、商店关门，全部出去大串联、大夺权、大批斗，整个肇源乱成一团。之后，学校和一些企事业单位普遍由军方派人实行军管军训。由此混乱的局面得到基本控制。

从1971年9月开始，随着政治环境逐步稳定，肇源政治经济社会各方面工作都有了一定好转。直至1976年初粉碎"四人帮"，肇源县的"文化大革命"宣告结束。

1966年到1976年的十年期间，肇源的经济工作受到极"左"思想的影响，严重影响了生产力的发展。1966年以后，以"一大二公"作为社会主义优越性的标准，片面强调"以粮为纲"，处处割资本主义尾巴，造成农业产业内部比例失调，农民生产积极性不高，致使粮食生产发展缓慢。十年间，肇源县粮豆产量年平均递减0.9%，农业总产值年递减1.3%。除种植业、林业产值略有增加外，牧业、副业和渔业产值都有所下降。

第七章　转移工作重点
实行改革开放

1978年12月，中国共产党第十一届中央委员会第三次全体会议在北京召开。这次会议提出国家施行对内改革、对外开放政策。改革开放以一场"真理标准大讨论"的思想大解放运动为开端，它使肇源人民摆脱了思想桎梏，确立了"解放思想、实事求是"的主导地位，打破了习惯思维和主观偏见的束缚，研究新情况、解决新问题，使思想和实际相符合、使主观和客观相符合，开启了社会主义经济建设新长征。

回眸革命老区肇源走过的这些年，肇源人直面风雨、拼搏进取，书写了肇源发展史上继往开来、超常规发展的新篇章。20世纪50年代，《人民日报》副主编、中国著名作家刘白羽先生来访肇源，写下了名篇《早晨的太阳》，热情地歌颂了美丽的肇源和勤劳勇敢的肇源人民。如果把50年代的肇源比作早晨的太阳，那么，改革开放33年（1978—2011年）的肇源，如日中天，正是辉煌灿烂的岁月。

第一节 试行"包产到户"农村改革迈出第一步

肇源是农业县份，改革开放的关键在农村，改革开放的成败也在农村。1978年，人民公社"一大二公"的影响远没有结束，"姓社姓资"的问题，广大农村干部还没整理清晰。农民吃集体大锅饭、集体吃国家大锅饭，平均主义分配制度，严重束缚着农村生产力的发展。社员出工1天挣8个、10个工分，而且不分男女老少，挣8分都是8分，挣10分都是10分。当时流传一句顺口溜："男8分，女8分，小蛤蟆（小孩们）也挣8分。"经营好的生产队，分值8分是1角钱。经营差一些的生产队，社员干一天活不挣钱。经营最差的生产队，社员干一天活要倒找钱。同是肇源人，同是这块地，亩产粮食只有几十公斤，除了交给国家的，留下集体的，不少农民还填不饱肚子。不少社队吃粮靠"返销"（卖给国家的粮再从粮库买回来），花钱靠贷款，生活靠救济，全县粮食总产1.78亿公斤，农业总收入9 450万元，农村人均纯收入91元。

1979年春，肇源农村向传统经营形式发起了挑战，开始试行宜统则统、宜分则分、统分结合的双层经营承包责任制。全县126个生产队，占生产队总数11.1%，分组作业，联产计酬。这一年，全县遭受了严重的旱灾、风灾，粮食产量比1978年减产4%，而实行联产计酬的126个生产队粮食产量增产315.6%。

1980年，全县有525个生产队，占生产队总数的45.6%，试行联产到组，其中和平人民公社立德大队七队试行联产到劳。

1981年，全县总结推广了和平人民公社立德七队联产到劳的经验，全县试行联产承包责任制的生产队961个，占生产队总数的78%，其中联产到组的641个，联产到劳的301个，包产到户的19个。

1982年，全县有1 174个生产队，实行了联产承包制，占生产队总数的91.5%。其中联产到劳的1 045个，占生产队总数的82.7%；包干到户的22个，占生产队总数的8.3%。联产承包责任制由单一的田间作业，发展到农、林、牧、副、渔、社企、井站、农机等各个领域。这一年，农村社员人均收入117.5元，家庭副业收入113.2元，都是历史最高水平。包干到户的22个生产队，实现了"五增一降"（总收入、人均收入、集体积累、粮食总产、商品粮贡献大幅度增加，生产费用下降），六项指标（农村经济总收入、农业生产经营净收入、农民人均收入、粮食总产、粮食亩产、商品粮出售）均超出全县平均水平。

1983年，县委制定下发了《关于深入进行农村经济改革，进一步稳定和完善联产承包责任制的意见》。全县1 283个生产队全部实行了联产承包责任制，其中包干到户1 227个，占生产队总数的95.6%。这一年，全县遭低温、寡照、内淹、外涝等严重自然灾害，仍取得了超历史的大丰收。农村经济总收入1.44亿元，同比增长26%，提前1年超额实现了1984年翻番计划指标；农民人均收入317元，提前2年实现1985年翻番计划指标；全县粮食总产1.8亿公斤，同比增长33.3%；亩产163公斤，首次突破150公斤大关；出售商品粮3 666.5万公斤，比1982年翻一番；交纳农业税245万元，比1982年增加52万元，是历史上最高的一年。

1984年，全县贯彻中央关于农村工作1号文件精神，统一了农业生产责任制形式，土地一律承包到户，一定15年不变。全县1 283个生产队全部解体，耕地、水面、草原承包到农民家庭经营。全县承包农户57 843户，占农业总户数的94%。其中：独家承包的农户56 055户，占总承包户数的96%；承包土地9.32万公顷，占总耕地面积的98.6%。多户联合承包的223户，占总承包户数的0.39%；承包耕地6 900公顷，占总耕地面积的0.65%。土地承包形式实行"两田制"，即把土地分为口粮田和责任田，人包口粮田，劳包责任田，村上留少量机动田（不超过总土地面积的5%）。

1997年，根据中央文件精神和省、地有关规定，县委决定：（一）对耕地承包期已满，干部群众对耕地承包办法比较满意，而且耕地分配比较合理，将耕地承包期限延长到15年以上。（二）对耕地承包期已满，干部群众对耕地承包意见大，耕地分得不尽合理，因地制宜地进行耕地承包制的完善和调整。（三）对于土地承包期未满，干部群众对现有耕地承包有意见的，进行一次普查、清退。凡是干部依权承包的土地，坚决收回，重新发包；凡是机动田超过规定数量的，都清退给农民。从此，包产到户成了农村的基本经营制度，农村改革迈出了第一步。

1998年，按照中央"原定的耕地承包期到期后，再延长到30年不变"的规定，开展了第二轮土地承包，普遍将土地承包权经营证书和承包合同签发到户。全县农业总产值实现7.39亿元，农民人均收入1 418元。

2004年，全县粮食总产突破了5亿公斤大关，实现了5.25亿公斤，被国家农业部第一次授予"全国粮食生产先进县"称号。2005年，全县粮食总产突破6亿公斤，再一次被评为"全国粮食生产先进县"。2007年，农村改革进一步深化，产前、产中、产后服务体系不断完善加强，70%以上的农村劳动力从土地中解放出来，外出打工，从事第二、三产业。外出打工。农业总产值实现28亿元，是1978年9 450万元的29.62倍；农村人均纯收入4 073.5元，是1978年91元的44.76倍；粮食总产6.7亿公斤，是1978年1.78亿公斤的3.76倍。第三次被评为全国粮食生产先进县。

2008年，农业总产值实现33.7亿元，比1978年增长34倍。粮食总产10亿公斤，第四次被评为全国粮食生产先进县。

第二节　改革产权制度　放手发展民营经济

党的十一届三中全会的召开，给肇源企业带来了改革的春风。1983年，肇源县委、县政府认真贯彻落实国务院《关于进一步扩大国营工业企业自主权的暂行规定》精神，遵照所有权与经营权适当分开的原则，对企业计划经济时期统得过死的"人、财、物、产、供、销"六个方面，实行"松绑放权"，放开经营，使企业增添了活力。产值由1978年的0.6亿元，增加到0.7亿元，增加了0.1亿元。1984年，在绥化地区行署召开的经验交流会上，副县长陈维超代表县政府作了典型发言。

1985年，肇源县委、县政府认真贯彻省委、省政府关于"在全省试点的基础上，进一步完善以承包为主的各种形式的经济责任制，给企业内部改革创造条件"和中央关于"在1985年完成所有企业的整顿，进一步提高企业素质"的要求，把"包"字从农村请进了城里，企业开始了承包试点。企业承包经济责任制的主要内容是"包上交国家利润、包完成技术改造任务、实行工资总额与经济效益挂钩"。

1988年，全县工业企业221户。其中，县直企业87户（含集体企业33户），乡镇企业80户，村办企业54户。按行业分：食品工业41户，轻纺工业55户，机械工业34户，粮油工业27户，机修工业29户，化工工业21户、其他14户。到年底统计：县直87户企业（国营54户、集体33户），全部实行了承包经营责任制。开始两年（1983—1984年）效果普遍较好，其中效果突出的有罐头厂、糖厂、啤酒厂、制油厂、米粉厂、磷肥厂等十多户企业。但后来经过承包的实践证明，企业承包后，产权模糊，仍摆脱不了行政干预，企业出现了短期行为和包盈不包亏现象，造成了企业亏损，国家损失。承包经济责任制，不是改革的最佳模式。

1990年，县委、县政府按照黑龙江省人民政府黑政办发〔1990〕17号文件精神，开始了企业内部劳动、人事、分配三项制度改革，职工与企业重新签订由劳动部门统一印制的劳动合同，实行全员合同制，原职工身份存入档案。企业管理人员实行聘任制，做到能上能下，实行按劳分配与按股分红相结合的分配方式。

1993年，黑龙江省人民政府黑政发〔1993〕130号文件要求深化企业产权制度改革，各级政府要把这项工作纳入重要日程，主要领导亲自抓，并注意改革中的难点问题，切实加强领导。但因肇源县企业承包处于总结阶段，没有进行产权制度改革。1995年下半年，县委、县政府按照省委、省政府关于"转换经营机制，实行国有民营、股份经营"的企业改革指导思想，大庆市庆体改〔1995〕1号文件《大庆市企业实行股份合作制暂行办法》精神，选择了大集体企业塑料厂进行股份合作制试点，把原来承包的企业改为股份合作制，股本金总额为16.3万元。但由于缺乏实践经验，没按《公司法》规范运作，改革试验失败，企业亏损，不得不停业整顿。

1996年，县政府由体改委、经贸委、国资局、财政局、土地局等部门参加的企业改革工作组进驻县乳品厂，经过半年运作，于当年6月，在剥离经营的基础上，重组了股份制企业，更名为大庆市星球乳品有限责任公司。

1997年，县委、县政府制定下发了《产权制度改革实施方案》，3月，大庆市产权制度改革工作队进驻肇源，帮助指导肇源县的企业产权制度改革。按照市里要求，县里选择了县糖厂型煤分厂、空压机厂、砖瓦厂3户国营企业为产权制度改革试点企业，由市工作队重点抓，县工作队配合。县工作队分成28个工作组，分别深入到经贸委、交通、商业、县社、物资、外贸、医药、乡企等单位和20个乡镇（场），帮助指导企业进行产权制度改革。

1999年，按照大庆市企业产权制度改革领导小组的要求，对前3年企业产权制度改革进行调查总结，并上报综合评价报告。全县自1997年以来，从企业的实际情况出发，采取股、售、兼、破、抵债返租、分立经营等多种形式，对应改制的243户企业全部进行改制。其中，实行股份制、股份合作制的59户，出售33户，兼并3户，破产39户，解散83户，继续租赁承包的26户。经过产权制度改革，使1996年处于停产、半停产、停业、半停业状态的罐头厂、糖厂、啤酒厂、乳品厂、白酒厂、空压机厂、锅炉厂、水泥制品厂、燃料公司、五金公司、医药公司及县社部分供销网点等20多户企业，重新焕发了生机和活力。改革试点企业县乳品厂，截至1999年，3年累计实现税金102万元，利润39万元，新增固定资产90万元。改为股份制和股份合作制的64户企业（含破产后重组5户），有36户生产经营较改制前明显提高，有22户平稳运行，有6户运行一段后，又处于艰难境地。县罐头厂、五金公司在大庆市委、市政府召开的经济体制改革总结表彰大会上，受到表彰奖励，获得"大庆市企业改革先进单位"称号，被评为大庆市十佳企业。肇源县被评为"企业改革先进县"，排名第一位。

2000年，县委常委扩大会议决定，按照大庆市委提出的对已改制企业进行"回头看"，以四个到位（真正实现企业法人地位确立到位、企业法人治理结构完善到位、企业经营机制转换到位、产权制度改革政策落实到位）为标准，以搞活、发展为目地，对所有改制企业进行检查、对照、完善，规范运作。县里组成了规范运作工作组，对经贸、商业、物资、医药等系统进行了详细调研，从改制后的股份制企业中发现，有些企业从形式上看改了，但实际仍存在"平均股""大锅饭""二国营"问题。针对这些问题，依据国家不断出台的企改政策，对罐头厂在股份制的基础上，实行个人依法买断公司股权，承担原公司的债权、债务，于2003年彻底转制为民营。五金公司由经营者一次买断了国有产权，安置了原公司职工，然后招商引资，组建"庆客隆肇源超市"，吸纳社会就业近200人。肇源砖瓦厂转为肇源砖瓦有限公司后，由于法人治理结构和内部经营机制不到位、内部矛盾重重，停产1年多，造成严重损失。2003年，县政府派驻改革规范工作组，按国务院颁发《有限责任公司规范意见》，组织企业恢复生产。在股权流动中，主要经营者取得了绝对控股权，精减了科室人员，充实到生产一线，调动了全体职工的生产积极性，完成了当年的各项经济指标，创历史最好水平。县委、县政府还通过变卖资产、出让国有土地使用权、给予优惠政策等办法，使符合政策应参保的职工全部纳入基本养老范围，解决了下岗职工的后顾之忧。

随着企业改革开放，县委、县政府放手发展民营经济。1989—1991年，采取"政策咨询，引导发展；调查走访，扶持发展；搞好服务，鼓励发展"的措施，民营经济迅速发展起来。1992年，县委、县政府强调，对民营经济"少限制、多发展，少管理、多服务，少处罚、多支持"，个体注册工商户发展到2 730户，从业人员3 040人。1993年，采取"放宽措施，超常规、跨越式"发展民营经济，注册个体工商户发展到4 389户。1994年，对个体户清理整顿补办一批，国营摘帽转化一批，建设市场拉动一批，延伸辐射发展一批，巩固提高复业一批。私营企业发展到44

户，个体户发展到6 445户。1996年，对私营企业"先发展、后规范，先放开、后指导"，实行"三个一"（一张身份证、一张审批表、一天内发照），私营企业发展到242户，个体工商户发展到1.4万户。1998年，减免灾区工商户规费12万元，私营企业发展到653户，个体工商户发展到2.28万户。1999年，私营企业发展到820户。个体工商户发展到2.86万户。5户私营企业、1户个体工商户获"全省500强私营企业"称号。

2003年，县委、县政府提出"全党抓经济、重点抓工业、突出抓项目、核心抓园区"的发展战略。全县重新规划四个园区（松花江工业园区、大庆肇源皮革工业园区、新肇粮食产业园区、港桥经济区）。2004年，全县新上工业项目32个，其中产值超亿元项目2个，超5 000万元项目2个。草原兴发、文国冷冻食品公司、大庆罗姆斯制衣、全土地生物科技等一批重点续建项目如期投产达效。松花江工业园区入驻企业运营良好，实现产值4.25亿元，利税951万元。新肇粮食产业园区新入驻企业8户，实现产值1.09亿元，利税339万元。港桥经济区正在规划和项目论证。皮革工业园区完成了资产购置、厂房改造、铁路专用线修复任务，污水处理厂建设正在紧张进行，5户签约企业陆续入驻园区。全县全口径工业产值、增加值、利税分别完成17亿元、4.77亿元、1.23亿元。2005年，全县民营企业24户，产值4 606万元，增加值1 329万元，产品销售收入4 182万元，利税416万元。2006年，民营企业24户，产值1.7亿元，增加值3 151万元，产品销售收入1.45亿元，利税1 518万元，安置就业1 480人。

2007年，全县民营工业企业28户，产值53亿元，增加值1.52亿元，产品销售收入2.92亿元，利税3 907万元，安排就业2 034人。新上工业项目57个，产值超亿元项目2个，超5 000万元项目4个。200万吨玉米生化产业园、志诚皮革、金鸡革业、天鹏皮业一批大项目成功入驻并启动建设。园区经济继续升温，皮革工业园区经济效益和对外影响力同步提升，12户企业入驻投产。实现产值6.34亿元，税收415万元，被中国皮革协会定为中国北方皮革生产基地。松花江工业园区重点项目进展顺利，罗姆斯制衣、天源食品、文国冷冻、金天然乳业、博天糖业肇源分公司等运营良好，实现产值11.03亿元，利税1.07亿元。新肇粮食产业园区入驻企业26户，实现产值5.78亿元，利税7 260万元。港桥经济区完成启动区规划设计，依法收回园区土地137.7万平方米。新港启动运营，年吞吐量实现106万吨。全县全口径工业产值40亿元，是1978年0.6亿元的67倍。拉动县域经济增长10.2个百分点，工业经济贡献率达到46.6%。2008年，全口径工业总产值实现46亿元，同比增长11.5%；增加值完成13亿元，同比增长10.8%；利税完成5.3亿元，同比增长10.1%。

第三节　改革行政机构转变政府职能

1978年，政府行政机构混乱，脉肿重叠，人浮于事。在机关，很多人没事干，在基层很多事没人干。1978—2008年，肇源县行政机构进行三次大的改革，小革小改几乎年年进行。

1980年，县政府设64个行政单位，其中50个行政科、局。

1984年，县党政机关进行第一次改革，县政府将50个行政科、局精简为28个，减少41.6%。

1986年，实行定编、定岗、定员管理。定编：核清干部编、工勤编、行政编、事业编和企业编。定岗：定领导岗、干部岗、工勤岗、技术人员岗。定员：按照规定的编制和岗位进行人员对号。

1987年，撤销自行设置临时机构51个，其工作归口有关部门。对未经批准随意增设机构、升格机构、增加编制、增加人员的单位实行处罚制度，并追究主要领导责任。对遵守编制纪律的部门、单位给予表彰奖励。

1988年，各党政机关、人民团体，事业单位工资基金由县编委统一管理。组织、人事、劳动部门根据编委提供的超编、缺编情况调配人员。

1989年，对县属事业单位分步骤、分层次进行全面整顿。撤销建委地下水资源管理站、粮油供应公司等6个单位，自来水公司等24个单位明确为企业化管理或划为企业。县编委与104个单位签订了编制经费包干合同，编制基数1 807个，包干经费3 610万元。年末，有43个单位节余编制116个，节余经费23.2万元。

1990年，在机构编制管理上实行4个控制：（一）进一步深化工资基金管理，实行编制总量控制。全年机关下达人员计划11 278人，工资计划1 638万元。（二）运用编制分类管理，进行编制、财政双向控制。财政部门按编委下达的计划和进人指标拨放人员经费。（三）完善编制与经费包干办法，实行财政预算控制。县直90个机关、事业单位，签订年度编制包干合同，包干编制1 757个，包干经费3 836万元。（四）加强机构管理，控制人员不合理流动。

1991年，撤销非正常机构13个，削减自定编制53人，压缩自行增设内部机构27个。制定下发了《肇源县机构编制管理清理整顿实施方案》《肇源县党政群机关机构编制管理暂行规定》《肇源县事业单位实行人员机构管理暂行规定》，制定完善《肇源县机关事业单位工资基金管理办法》《肇源县编制定员与经费定额包干办法》等法规性文件。重新修订县编委、编委办工作程序，建立健全工作制度和议事规则，形成从领导决策、措施、执行、反馈等各方面的综合配套控制机制体系。

1993年，对全县中小学及教育所属的事业单位编制进行核对，压缩不合理编制662人，机构编制关闸冻结，撤销非正常机构31个，削减自定编制35人，清理计划外用工32人，优化组合教师队伍，落聘教师739人，占教师总数的16%。撤销工业局、二轻局、工业项目办、企业开发办、建材公司和轻纺工业公司6个单位。减少编制57人。

1994年，对全县593个机关事业单位进行全面检查，达到了机构、编制、人员、经费"四清"。撤销物资局，成立物资总公司，收回了行政编。

1995年，制定《肇源县县乡机构改革方案》《党政机关人员分流方案》，根据机构改革的总体要求，继续实行党政机关的人员、编制、机构、经费四个总量冻结。

1996年1—4月，进行党政机关第二次改革。这次改革，减少党政机构25个，精减41.9%；定额编制749人，减少339人，减少32.2%，对富余人员实行分流。

1997年，制定《肇源县事业单位改革实施方案》，对事业单位进行定职能、定机构、定编制、定岗位、定人员、定经费。精简机构17个，其中撤销8个，合并7个，转为企业2个，压缩编制133个。同时对全县427个事业单位进行登记，其中登记法人单位167个，非法人单位260个。

2001年，进行党政机关第三次改革。改革后县政府机构设置22个，精减13%；核定编制465人，精减23%；实有人数1 827人，精减26%。对精减下来的人员采取整体转移、提前离岗休养（退养）、充实基层、定向培训、创办实体、自谋职业、清退不合格人员等进行安置。同时撤销了产业办、果菜办、农村能源办等7个具有行政职能的事业单位。对档案局、广播局、沿江港口管理处等单位调整了隶属关系。对资源开发办、公用事业管理局更改了名称，对医保局理顺了级别。县质量技术监督局划归省质量技术监督局垂直管理。县委机关保留7个工作部门，编制由原来117人减少为90人，精减23%。

2002年，对县政府工作部门的行政审批事项进行了清理。清理具有行政职能单位30个，审批项目630项，保留365项，减少265项，精减42%。

2005年，实行政务公开，编制了全县政务公开手册，建立了政务公开网站，核定县政府行政权力106项，乡镇政府行政权力56项，各部门行政权力1 031项，公用事业单位服务项目442项。

2008年，围绕重点工作和关系广大群众切身利益的征地、拆迁、企业重组、收费、物价等事项，建立听证制度，提高政府运作的透明度，保证群众的知情权、参与权和监督权。健全了政府采购和招投标管理制度，完善了领导干部任期经济责任审计制度，部门预算和国库集中收付制度，做到有权必有责、用权受监督、侵权必纠正。把政府工作的主要精力放在为各类市场主体服务和创造优良发展环境上。县政府建立健全了五个中心（企业全程代理中心、企业收费管理中心、国有资产管理运营中心、经济发展环境投诉中心、经济发展环境处警服务中心），推行六项（首问责任制、服务承诺制、限时办结制、失职追究制、否定报备制、项目申报无偿办理制）制度，实行一站式审批、一条龙服务、一个窗口对外，营造了宽松透明的政策环境，公正严明的法制环境，优质高效的服务环境，文明健康的人文环境。严肃纪律，及时教育、震慑、调整那些不负责任、不讲原则的干部，使干部不敢懈怠、不敢失责。

第四节 实施"开放"战略 打开县门招商

项目、人才、资金，一直是困扰肇源县域经济大发展、快发展的三大难题。县委、县政府认识到破解这三大难题的一条根本出路就是深化改革、扩大开放、打开县门、走出国门、大招商、招大商、引人才、引资金。拿肇源资源换品牌、换项目、换就业。

联营联合，借米下锅。1983年，肇源啤酒厂与沈阳啤酒厂联营，生产沈阳牌啤酒，销路很好。1986年，与北京啤酒厂联营，生产北京牌啤酒。1988年，肇源啤酒厂产值达982万元，利税311万元，被县政府命名为立县企业。1985年，各乡镇与四川、山东、辽宁、哈尔滨、大庆、大兴安岭等地联营协作，共引进项目8个，引进资金86万元，引进、招聘技术人员87人。茂兴镇与省轻工业局联合，在哈尔滨市郊办起砖厂，当年创利润11万元。裕民乡与哈尔滨机械厂联营，利用冷库常年为哈尔滨机械厂收购白条鸡和江鱼。

1986年，全县共引进资115.3万元，引进技术人才57人，引进项目15个。大兴乡与哈尔滨市上游五金厂和双城空军航校联营办起了2处沥青厂，安排剩余劳动力45人，当年实现产值13万元，利润2万元。乡企局制鞋厂在江苏泰兴县聘请技术人员16人联合办厂，在哈尔滨市找到了产品销路，当年实现产值7.6万元。

1988年，全县共引进资金481万元，引进技术人才40人，管理人才20人，生产设备40台（套），生产项目20个。当年新增产值463万元，利税68万元。兴安乡与哈尔滨市星光机械厂联营，一次引进资金80万元，与大庆有关部门协作，成立一个农民钻井队，实现收入120万元，利税20万元。

1989年，县政府制定优惠政策，促进联营联合向纵深发展。全县引进项目14个，引进资金260万元，各种能工巧匠50人，新增产值206万元，利税33万元。浩德蒙古族乡同省森工总局、肇州县酒厂、大安土产公司、哈市太平食品厂建立联营关系，引进资金112万元，引进工程师2人、技术员7人，办起了沥青厂、酒厂、罐头厂。古恰乡古恰村砖厂坚持联营联合，党支部书记丁树理三下江南，引进技术人才，改造了24门轮窑砖厂，当年生产红砖1 350万块，为全县建材生产创出了一条新路。1993年，全县通过"挂、引、联"引进资金801万元、人才57人、设备4台套，价值97万元。

新站镇与营口市粮食局联办1座玉米烘干塔，一次引进资金300万元，当年建成投产。

1994年，三站镇与肇东市冷冻厂联营，投资400万元，在工业园区办起了谷物烘干场，与大庆采油六厂、十厂供水大队联营，投资400万元，办起了精制米加工厂、酒厂、粉丝厂、饲料加工厂。

1996年，按照县政府关于开展招商引资的部署，全县外出招商引资达229人次，引进资金1 115万元，项目2个，人才40人，设备10台（套）。超等蒙古族乡在大庆市试采公司引进资金215万元，联合办起了西河综合养殖场。义顺蒙古族乡与大庆石油管理局运销处联营，引进资金500万元，办起了石油企业。1997年，全县上招商引资项目109个。永利乡与哈西电缆厂联营，引进资金70万元，办起了永兴电线电缆厂，生产民用电线电缆2大系列，10多种产品，年创产值400万元。1999年，全县继续加大招商引资力度，全年招商引资协议资金12.58亿元，合同资金11.69亿元，到位资金5.26亿元，新站镇从北京、海林市引进客商和技术，投资1 000万元兴建了泥炭复合肥厂，年产菌肥4万吨，创产值600万元。

股份合作，借鸡生蛋。实行股份合作制，借鸡生蛋，是肇源县招商引资在联合联营的基础上，迈出的第二步。

1997年，肇源罐头厂因亏损实行剥离后，成立新企业肇源县罐头食品总厂，实行股份制，职工全员入股，股金达到56.7万元，企业扭亏为盈。肇源县乳品厂破产后，重新组建大庆乳品四厂，实行股份制，生产全脂加糖奶粉、婴儿配方奶粉、强化锌奶粉、牛奶豆粉、多味奶饼等9个品种，12种规格，产品销往东北三省、河北、安徽、四川、山东、广东等省和大中城市，2001年，实现总产值698万元，销售收入784万元，税金29万元，利润3万元。

买断企业，借船过河。1997年，县政府在《肇源县招商引资若干问题暂行规定》中明确：凡有利于肇源经济和社会发展的人才、项目和境外引资均为招商引资范围。招商引资的重点为以独资、合资、合作的形式从事生产加工项目，市场和城乡基础设施建设，旅游景点建设，矿产资源开发利、嫁接、改造、购买国有、集体企业。凡投资兴办加工企业，从投产年度起，企业所得税前5年免征，第6年至第10年减半征收。属高新技术的，所得税前5年免征，从第6年起，按应缴税额的40%征收。独资企业，从投资之日起，增值税足额缴收后，3年内地方同级财政每年将分享部分（扣除中介人奖励金）返还。投资方免交调解税和车船使用税。投资从事合资、合作生产加工项目需购置厂房的免征房产契税。投资改造中低产田、利用"五荒"兴办农场、畜牧场和渔场，经营期超过20年的，企业所得税前5年免征，第6年至第10年减半征收。投资基础设施和旅游区景点建设的，10年内免征地方所得各种税费。投资从事矿产资源开发的，免征5年矿产资源补偿费（油、气开发另议）。买断国有、集体企业，能够安置60%以上职工上岗，并一次性付款的，价格优惠50%。投资项目建设使用国有土地可直接获得使用权，出让期在40年以上（不超过70年）的，出让金优惠50%。一次性付款有困难的，可以分期付款。土地使用费属地方所得部分，先征后返。客商投资兴办的各类企业，免收城镇基础配套费。应聘到企业工作人员的收入和引资中介人收入，免收个人收入调节税。对于引进资金和技术的视资金数量、使用年限等情况和技术效益状况予以奖励。

2001年，县政府进一步放宽招商引资政策，规定：1.国内外知名企业、知名品牌企业或有实力的投资者来肇源，固定资产在5 000万元以上的生产加工项目，县政府为其设立专项扶持基金。使用县政府有权审批的国有存量土地，一次性买断土地使用权的按收取的土地出让金（不含上缴部分，下同）等额予以资金扶持。投产后第一年按企业缴纳地方财政所得税收额的100%予以资金扶持。第二年按企业缴纳地方财政所得税收额50%予以资金扶持。第三年按企业缴纳地方税收额的40%予以资金扶持，免收一切费用。2.国内外知名企业、知名品牌或有实力的投资者来肇源，固定资产投资在1 000万元以上、5 000万元以下的生产加工项目，县政府为其设立专项扶持资金。使用县政府有权审批的国有存量土地，一次性买断土地使用权的按收取土地出让金的30%~70%予以资金扶持。投产后第1年按企业缴纳地方财政所得税额50%予以资金扶持。第2年按企业缴纳地方所得税额40%予以资金扶持，免收一切费用。3.国内外有实力的投资者来肇源，固定资产投资500万元~1 000万元以下的生产加工项目，县政府为其设立专项扶持基金。使用县政府有权审批的国有存量土地，一次性买断使用权的按收取土地出让金50%予以资金扶持。投产后第1年按企业缴纳地方财政税额30%予以资金扶持，免收一切费用。

4.收购现有破产工业企业全部产权并接收原有企业职工的，在不改变土地用途的前提下，县政府按收取土地出让金等额予以资金扶持，并直接办理土地使用权变更手续。收购产权制度改革后本县出售的国有企业，县政府收取的土地租金等额予以5年资金扶持，一次性买断土地使用权的县政府按收取土地出让金70%予以资金扶持。5.租赁或承包关停、倒闭、亏损的县乡所属企业，年纳税100万元以上并安排300人以上就业的，前10年免收租赁费或承包费，在企业经营期间，如果纳税额每年以10%的速度递增，经营满10年后该企业无偿归投资者所有（不含土地），并办理产权变更手续。6.投资50万元以上的高科技项目（由市以上科委认定），县政府为其设立专项扶持资金。使用县政府有权审批的国有存量土地，按收取土地出让金等额予以资金扶持，投产后第一年按企业缴纳地方财政所得税收额50%予以扶持，第二年按企业缴纳地方财政所得税收额30%予以资金扶持，免收一切费用。7.投资在50万元以上100万元以下的畜牧养殖项目，县政府为其设立专项资金。项目建设用地费用按收缴资金（不含上缴部分）等额予以资金扶持，其他费用减半收取，草原管理费返还50%用于草原改良。投资100万元以上的畜牧养殖项目，草原管理费全部返还用于草原改良，其他一切费用免收。8.投资路港及公益性基础设施建设100万元以上项目、200万元以上旅游业项目，建筑收费按最低标准执行，直至零价收费。

2001年，肇源县制酒厂经县政府批准被香港8分钟集团买断，成立了大庆市陈相贵酒业公司，变为民营企业。2004年，肇源县大庆市江源春酿酒厂被大庆誉龙酒业有限公司买断，企业利用四川五粮液酿酒技术，生产"誉龙春""誉龙液"系列白酒，年生产能力5 000吨，销售额达500万元。2005年，肇源糖厂整体出售，以800万元卖给大庆市玉丰集团，资金用于支付陈欠职工工资、甜菜款、集资款。

实施"三换"（以资源换项目、换品牌、换就业），借梯攀高。 1998年，肇源县以古龙小米（贡米）资源招来了吉林省吉泰集团，成立肇源县吉泰集团古龙贡米有限公司，建起了古龙贡米加工厂，厂区占地面积7.8万平方米，建筑面积1.2万平方米，员工193人，年加工能力2.6万吨，为全国最大的小米加工企业。1999年，产品被国家绿色食品中心认定为A级绿色食品，销往美国、泰国、澳大利亚等国家和地区。2004年被悉尼奥运会指定为运动员早餐食品。2005年，加工产品34 074吨，实现产值2.04亿元，销售收入2.35亿元，利税6 442万元。

2001年，以羽绒厂资源招来了国家名企江西省鸭鸭集团，建立了鸭鸭集团肇源有限公司。占地面积6 800平方米，建筑面积3 984平方米，投入缝纫设备280台（套），安排就业150人。产品（羽绒制品）为国家重点保护品牌，畅销全国，远销世界30多个国家和地区。2005年，加工羽绒服15.38万件，实现产值3 070万元，利税143万元。同年，以罐头厂资源招来了草原兴发集团，在肇源建起草原兴发肇源肉食品有限公司。2001年签约，2002年建厂，当年一期工程完工。设计年生产能力屠宰禽1 000万只、羊30万只、牛1万头。2003年，启动二期工程（绿乌鸡基地建设），当年完工。屠宰鸡70万只，加工鸡肉制品1 738吨，实现销售收入1 043万元。屠宰羊3万只，加工羊肉制品955吨，实现销售收入1 118万元。2004年，拥有鸡、羊屠宰生产线各1条，1 500万只的绿乌鸡孵化场投入使用。2005年，形成了系列生产加工体系，当年加工绿乌鸡320.7万只、羔羊22.5万只，年创产值1.28亿元，利税838万元。

2002年，以县乳品厂资源引进了完达山乳业集团，建立了完达山乳业股份有限公司肇源分公司。企业有2条乳制品生产线，日处理鲜奶40吨。当年生产乳制品7 280吨，实现产值886万元，利税2万元。2005年，企业由黑龙江省星球乳业有限公司接管，新上4 000吨豆粉生产线，完成了配方乳品生产线技术改造。当年生产奶粉3 060吨，实现产值4 390万元，利税206万元。

2003年，以县技工学校资源招来了大庆罗姆斯制衣有限公司，肇源县第一家外资企业。企业占地面积2万平方米，建筑面积6 652平方米。主要产品为高档衬衫，年生产能力300万件，全部销往俄罗斯和东欧一些国家，年销售收入1.05亿元，利税1 575万元，安排就业500人。2005年，加工衬衫156.9万件，实现产值7 189万元，利税841万元。同年，以精制米资源招进了北大荒米业集团，建立了北大荒米业肇源制米厂。占地面积12万平方米，建筑面积2.8万平方米，安排就业80人。有国际先进水平的日本佶竹精制米生产线2条，年生产加工能力10万吨，产品主要销往国际市场。公司销售网络覆盖京、浙、陕、晋、冀、陇、闽、新、青、宁、内蒙古等省市。北大荒牌精制米为国家A级系列产品。2005年，加工精制米6万吨，实现产值1.54亿元，利税1 434万元。

2005年，以革志矿山机械厂资源换来了大庆肇源皮革园区。2007年，12户企业入驻投产，创产值6.34亿元，利税415万元。肇源被中国皮革协会确定为中国北方皮革生产基地县。

2006年，以影剧院资源招来松江明珠集团。建造了松江明珠商城，开发了锦江嘉苑居民小区。使百姓享受到购物、休闲、饮食一体化服务，居民居住条件大大改善。

2007年，全县共引进项目26个。实际到位资金9.35亿元，居大庆市四县之首。县委、县政府领导先后赴浙江、福建、辽宁、北京、上海、广州、无锡等地开展招商引资和经贸洽谈，达成合作意向项目22个。组团参加了第十七届哈洽会、黑龙江（韩国）

活动周、黑龙江（香港）活动周等招商引资活动，签订合同项目和意向项目24个。与河南、辽宁、广西、深圳等地企业建立了稳定的出口关系，出口产品扩大到轻工产品、畜禽产品、农副产品、皮革产品等领域，出口创汇3 009万美元。

第五节　修桥铺路建港　提升区位优势

1978年，肇源只有两条油渣路。一条通往肇州，一条通往杜尔伯特自治县。两条路春修、秋补、冬天坏，坑坑洼洼，出行的人们多有"行路难，难于上青天"之感。肇源的产品运不出去，外地的产品运不进来。好不容易招来几家客商，一路颠簸来到肇源，想办企业原材料运不进来，产品打不出去，客商都夹包走了。县城更是没有一条像样的路，行人风天一身土，雨天两腿泥。四周环城壕长年污水不断，清了又淤，淤了再清。

1998年洪水过后，县政府投资1.2亿元修建了环城路，铺设了地下排水网。

2003年，县委、县政府提出了实施"一港两桥、三纵五横、村村通"大通道发展战略。

一港，就是修建大庆肇源新港。原肇源港（肇源码头）始建于1956年，年货物吞吐量30万吨，是松花江第四大渡口。1983年划为松花江航务管理局。进入20世纪90年代，因江水改道，老港不能通航。河道淤积、岸线破损，基础设施陈旧老化，整个港口满足不了物资流和经济发展的需要。2002年，松花江航务局管理体制改革，不再对肇源港实施有效管理。2003年，县委、县政府决定建肇源新港，并被列入国家和省市"十五"计划重点工程项目。港址位于县城西，距新建松花江大桥500米。地理坐标东经

125°05′，北纬45°31′。港区陆域面积12.39万平方米。2003年8月开工建设，2005年完工交付使用。新港建成后年货物吞吐量达80万吨，2007年实现120万吨。新港投入运营，江海联运试航成功，港桥物流中心被纳入全省物流发展规划。

两桥，一是松花江公路大桥。2002年在国家计委立项，2003年施工，2006年交付使用。大桥位于古恰乡王云成窝棚屯东南角，中心桩号为K3+228米，桥身长2 678米，桥面宽25米，双向四车道，钢筋混凝土结构，总投资2.1亿元，交通量为1.2万台次/昼夜。大桥在县内长495米，造价5 946万元，是黑龙江省实行"南联"经济政策的第二大出口，是203国道明沈公路黑龙江省与吉林省横跨松花江的唯一通道，经松花江大桥、松原市、农安县可抵达长春市，是黑龙江西部地区、内蒙古东部地区入关必经之路。松花江大桥建成后，肇源成为哈尔滨、长春、大庆的"金三角"（肇源距以上三个城市均约160公里）。二是嫩江大桥。2007年，嫩江大桥经反复协商，最后立项，即将开工启动。

三纵（林肇路、肇新路、五肇路三条公路）、五横（明沈路、安民路、头超路、浩古路、松花江大桥引路五条公路）、村村通（指村村通公路）。2005年，全县已有国、省、县、乡级公路27条，全长604公里，晴雨通车里程375公里，公路通乡率100%，通村率85%。

2007年，县委、县政府通过向上争取资金、招商引资、社会融资，全年固定资产投资完成9.3亿元。大桥引道、五肇路、莲花路、滨江大道一期工程、肇新公路、铁路立交桥等项全面完工，完成公路建设312公里。通乡主要道路全部达到二级标准。新肇火车站战略装车点建成投入使用，年货运量由过去的35万吨提高到120万吨。投资1亿元用于县城镇道路建设，铺装城区巷道39条，人行道3.6万平方米，完成了城镇29条主次干道排水扩网和

9条次干道白色路面铺装任务。2008年，完成了城镇道路绿化、亮化、美化工程。从此，肇源公路、铁路、水路路路通达。主干道、次干道、步行道道道硬化。四通八达的大通道给肇源的改革开放增添了无限的魅力。

第六节　开发区块油田油经济　撑起县财政半边天

1978年，肇源县是贫困县、财政补贴县。贫穷县的帽子一直压在肇源县委、县政府和肇源县人民的头上。

1991年，肇源划归大庆管辖，贫困县的帽子仍然顶在头上，财政依旧离不开国家补贴。靠什么甩掉这贫穷的帽子，靠什么建设一个不吃补贴饭的县财政？靠油，靠发展油经济。随着改革开放，县委、县政府把脱贫致富的重头戏放在了开发地下宝藏发展油经济上。开始只有三站、古恰、薄荷台等几个乡镇把发展经济的触角伸进了大庆油田，做些配套工程、劳务输出。

1993年，肇源成立了由县委书记为组长，县长为副组长，有关部办委局领导为成员的肇源县石油开发领导小组。组建肇源油田开发办公室，建立肇源油田开发总公司。以大庆油田有限责任公司为发起人兼控股，经中国天然气总公司批准，在社会公开招募参股，组建了国内第一家合资开发石油试点企业（大庆头台油田有限责任公司）。开发面积为192平方公里，地质储量为$9\ 111 \times 104/$个，公司地址为肇源县古恰乡所在地，企业由4个法人股组成，总投资5.14亿元。其中：大庆油田有限责任公司投资4.08亿元，占总投资的79.45%，为公司的控股股东；黑龙江省油田开发有限公司（原黑龙江省石油天然气总公司）投资4 482万元，占总投资的8.72%；中国东方资产管理总公司（原黑龙江省投资总公司）投资4 099万元，占总投资的7.98%；肇源县以社会集资形式取得资金2 170万元委托黑龙江省肇源县龙源市政工程责任有限公司（后委托肇源县油田开发总公司）代县政府投资1 977万元，占总投资的3.85%。开发地域西至超等乡，东至古恰乡古恰屯，北至头台镇，南至松花江北岸。2001年，在头台镇和大兴乡境内开发源13区块，肇州境内261区块，开发层位为F、P油层。截至2005年，共打生产油井541口、注水井177口、气井1口，累计生产原油183万吨，销售原油收入29.93亿元，纳税7.29亿元。

继头台油田开发后，1999年，通过招商引资形式招来了大庆油田开发有限责任公司肇源油田分公司（股份制企业），开发地址为肇源县古恰乡所在地，企业由2个法人股组成。开发地块为无名岛区块。截至2005年，共投资3 000万元，占总投资70%.开发面积5平方公里，打生产油井39口、注水井23口。累计生产原油72 667吨，销售原油68 678吨，销售收入1.5亿元，实现税收2 131.7万元。

2000年，招进肇源县三环石油天然气有限责任公司（股份制企业），公司由1个法人股东和3个自然股东组成。开发区为大江心岛区块。截至2005年，总投资1 000万元完成开发面积5平方公里，打油井30口、注水井2口，累计生产原油8 574吨，销售原油8 568吨，销售收入1 819万元，实现税收288万元。招进大庆肇源新肇油田开发有限责任公司（股份制企业），由2个法人股组成，开发区块新站镇、大兴乡、浩德蒙古族乡和义顺蒙古族乡境内。截至2005年，大庆油田有限责任公司投资2.92亿元，占总投资的99.83%；肇源县油田开发总公司投资50万元，占总投资的0.17%。完成开发面积35平方公里，打油井282口、注水井96口。累计生产原油64.63万吨，销售原油63.72万吨，销售收入12.52亿元，实现税收4.03亿元。招进大庆市顺威能源开发有限责任公司（股份制企业），由大庆市顺威能源开发有限责任公司与吉林省天然气开发有限责任公司开发，利益分配采取产品分成，在核算地（肇源）缴纳税费。开发区为民47区块（1965年肇源与吉林省松原市草原互换，使用权由肇源县代管区域）。北京德顺物资公司独资投入1 400万元开发面积4平方公里，打油井11口。累计生产原油4 063吨，销售原油4 063吨，销售收入797万元，实现税收69.7万元。

2001年，引进肇源兴源油田有限责任公司（股份制企业），由2个法人股组成。开发区块在头台镇内。截至2005年投资1.3亿元开发面积43平方公里，打油井172口、注水井31口，累计生产原油30.12万吨，销售原油29.04万吨，销售收入7.02亿元，实现税收1.36亿元。

2002年，招进大庆油田有限责任公司台肇分公司（股份合作制企业），开发区块头台镇内。2005年， 累计生产原油41.4万吨，销售原油30.58万吨，销售收入记入大庆油田公司，实现利税1.95亿元。

2005年，引进兴茂油田有限责任公司。投资280万元，打油井57眼、水井23眼。当年生产原油4.5万吨，销售原油4.5万吨，销售收入1.44亿元，实现税收4 094万元。

八大公司按约定的合同（协议）和现行财政体制在肇源县纳税缴费。1994年，石油税收入1 700万 元。1999年， 石油税收1 653万元。2005年，石油税收5.7亿元，撑起了县财政的半边天。

2007年，肇源油田三期212区块、兴茂油田二期和敖南油田三个区块全面启动建设，完成打井797眼。区块油田达到9个，全年原油产量实现80万吨，油田税收7.2亿元，占县全口径财政收入的85%。2008年，原油产量83万吨，油田税收9.4亿元，占县全口径财政收入的87.7%，油经济支撑县域经济发展的能力继续增强。

第七节　各业协调发展　壮大县域经济

1983年，县委顺应农村改革的势头，从肇源耕地肥、草原多、水面大的实际出发，确定了"走好开发路、念好水草经、唱好地方戏"的发展农村经济思路。

走好开发路。1991—1998年，先后完成国家立项农业综合开发小区5个（八家河小区、超等小区、立陡山小区、大泡底小区、五家泡小区）。总投资6 396万元，其中国家投资2 975万元，县匹配资金760万元，银行贷款366万元，群众自筹2 295万元。5个小区共改造中低产田1.7万公顷，开发废弃地种稻1万公顷，改良草场5 000公顷，建畜禽养殖场3处，商品鱼池1 000公顷，发展稻田养鱼1 000公顷，造林400公顷。修大中型排灌站3座，小型排灌站16座，桥、涵、闸结构物1 387座，打机电井720眼，架设农电线路60公里，修农田道路320公里，购置大型农机具55台，配套农具171件。1997年，5个农业开发小区实现农业总产值1.68亿元，是开发前的2.3倍。粮食总产1.02亿公斤，占全县粮食总产的10.1%。农业开发带来了粮食增产、农民增收。

1984年，按照中央关于"绝不放松粮食生产"的要求，全县播种面积9.46万公顷，粮食作物面积占播种面积的75%，粮食总产1.94亿公斤，比1978年增产1 600万公斤。1985年，全县稳定了高产稳产作物面积，水稻发展到7 000公顷。在遭受内涝外淹（受灾面积4万公顷、绝产面积2.5万公顷）等自然灾害情况下，粮食总产量实现1.63亿公斤。1986年，水稻面积发展到1.3万公顷，玉米面积发展到2.6万公顷，重灾之年获得了粮食大丰收，总产2.24亿公斤，比历史最高的1984年增长15%。

1987年，县委、县政府从全县水多积温高的实际出发，再次扩大水稻和"吉"字号玉米种植面积。在遭受严重自然灾害（内涝2.6万公顷，绝产1.2万公顷）情况下，粮食总产达到2.78亿公斤，再登新台阶。

1990年，粮食总产突破了3.5亿公斤大关，获得了历史上最大的丰收年。玉米、高粱、水稻三大作物亩产超过500公斤，福兴乡玉米达到750公斤，出现了吨田地块。

1992年，县委、县政府提出"大力推进农业产业化进程，突出粮牧企三大重点，努力实现粮食总产和农村经济总量较快增长，加快建设农业大县、强县的步伐和建设全国商品粮基地县"的要求，重点抓粮食产业，粮食总产突破4亿公斤。1994年全县粮食获得大丰收，总产首次突破5亿公斤。进入全省产粮大县。2004年，粮食总产5.25亿公斤，被国家农业部评为全国粮食生产先进县。2005年、2006年、2007年粮食总产连续3年突破6亿公斤。2008年，粮食总产突破了10亿公斤。

念好水草经。肇源草原面积大。1978年，省委、省政府把肇源定为半农半牧县。县委、县政府在调整产业结构时，把农业、牧业摆上了同等位置。畜禽养殖出现了前所未有的发展势头。

1989年，县委、县政府提出"对畜牧业实行'两上、两改、两化'（上规模、上水平，改良草原、改良育禽品种，畜禽品种优良化、畜产品生产系列化），强化系列化服务体系（健全和完善繁有改良体系、防病灭病体系、饲草饲料加工体系、高产品加工流通体系）"，加快了畜牧业的发展。

1991年，全县牧业产值实现6 500万元，同比增长10.2%。奶牛达到6 600头，同比增长9%。商品猪达到2.5万头，同比增长20%。商品鹅达到10万只，比上年增长10倍。1992年，畜牧业产值实现1.56亿元，县畜牧综合站被评为全省第一名。

1995年，牧业产值实现1.77亿元，同比增长8.7%，牧业开始向规模化发展。1996年，畜牧业产值达到1.96亿元，同比增长10.3%。大牲畜存栏14.5万头（匹），同比增长14.2%。肉、蛋、奶产量分别比上年增长2.7%、21.6%、20.4%。

2001年，涌现出了头台益源养殖公司、杨久胜家庭牧场、东义顺畜牧专业村、团结养奶牛专业村、新华养羊专业村等一大批养殖场、养殖专业村屯和房弟、李佰龙、商佰和、李春雷等2 785户畜禽养殖大户。其中：肉鸡养殖1 000只以上的250户，批次出栏5 000只以上的11户，养羊100只以上的830户，养殖肉牛50头以上的36户，养殖奶牛20头以上的40户。

2002年，全县大牲畜存栏8.98万只（匹），同比增长11%；羊存栏15.4万只，同比增长57%；禽存栏95万只，同比增长8.9%；猪存栏14.5万头，同比增长8.2%。超百头的养牛大户30户，超百只的养羊大户230户。最大的养羊大户新站镇李胜石，养羊达800只。全县畜牧业收入实现3.5亿元，占农村经济总收入37%，人均收入（牧业）510元，占农村人均收入的33.7%。

2005年，全县牧业产值实现6.71亿元，牧业人均收入1 895元，占农村人均收入的61%。

2008年，全县牧业产值实现15.3亿元，占农村经济总收入的41%。

肇源水面多。松嫩两江流经肇源256.05公里，县域内水面6.86万公顷，大小泡沼197处。"走水路，发水财"一直是肇源人致富的一条新路。

1978—1982年，江河污染、泡沼干涸，过度捕捞给肇源的水产业带来了极大困难。

1983年，县委、县政府提出"三为主，三结合"（以养为主，养殖捕捞结合；以群养为主，个人、集体、国营养鱼结合；以精养为主，精养、半精养、粗养结合）发展水产养殖业。在西湖养鱼场3 600公顷水面投放鲢鳙夏花200万尾、秋片鱼种2万公斤。

1984年，兴安乡西大海渔场孙国臣、和平乡渔场张永学、薄荷台葫芦系渔场郭世民各包了百亩鱼池，将混合料制成软颗粒投喂，提高了鱼产量。

1985年，八家河水库开始网栏养鱼，养殖水面667公顷，用网拦成14段，承包给养鱼工人。各承包段都压绿肥、施鸡粪肥水，公顷产鱼由1984年113公斤提高到225公斤。

1990年，裕民乡小湾子村渔场84公顷水面，夏季压绿肥2万公斤、施农家肥2万公斤，公顷产鱼300公斤。

1997年，县水产总站利用世界银行货款在兴安乡西大海建精养鱼池20个，面积23.3公顷。县水产总站将西大海20个鱼池承包给辽宁省大石桥市大石桥镇农民张秀杰，承包期10年。张秀杰在每个池塘装1台自动投饵机、1台3马力增氧机，采取驯化养鱼。2 001~2003年，连续3年平均公顷产鱼1.12万公斤。2005年，全县水产品达2.6万吨，被定为全国渔业生产基地县。2005年、2006年、2007年连续3年被评为全省水产养殖先进县。

面对1998年特大洪水，县委、县政府带领全县人民与洪水展开了殊死搏斗，舍小家保大家，保住了大庆主体油田，保住了县城及东部的半壁江山，保住了全县人民的生命财产安全，虽遇特大洪水，但无1人1畜伤亡。

一场特大洪水给肇源人民带来的是无情的灾难。全县20个乡镇有17个乡镇、121个村受灾，淹没农田8.66万公顷，倒塌房屋12.64万间，受灾人口26万人，直接经济损失35.5亿元。一场特大洪水给肇源人民留下的是抗洪精神，是重建家园的信心和力量。

洪水过后，面对满目疮痍、废墟一片，肇源人家没散、心没乱、志没短。县委、县政府经过认真研究，提出了"一年受灾，一年恢复、二年发展"重建家园的口号，刚刚战胜洪魔的肇源人民又开始了重建家园的战斗。

重灾区大兴乡在省交通厅的援助下，投资2 000万元建起了占地33.7万平方米新村，村内分住宅区、教育区、种植区。住宅区建有128栋可容纳灾民256户的住宅，每户都是三室一厅，设有自来水、冷仓、厕所、猪舍、砖院墙和铁大门。教育区建有通兴中学、小学、幼儿园、文化站、卫生所、村委会。通兴中学占地面积3.1万平方米，建筑面积3 000平方米，有教学楼（面积2 000平方米）、宿舍、试验室、锅炉房等附属设施。种植区面积5万平方米，建有30栋总面积2.2万平方米的"4+3"型高节能温室。栽植杨树3 224株、垂柳2 300株、云杉380株、丁香659株、葡萄1 200株、种植草坪2.5万平方米。有占地面积3 000平方米封闭式停车场。一个完全现代化的社会主义新农村建起来了。由省邮电局援建的共36栋72户住宅，房舍全部砖瓦钢窗结构、内设无线电话的邮电新村建起来了。由大庆市热力公司援建的占地面积8 700平方米，砖瓦结构校舍30间，教学设备齐全的热力希望小学建起来了。由大庆龙庆集团援建的占地面积1.3万平方米，砖瓦结构校舍30间的联结小学建起来了。新站镇旭日新村建起来了。古恰乡牡丹江新村建起来。

在洪水过后的日子里，大庆市龙凤区区委书记付淑英、区长贺懋燮带着救援物资来了，哈尔滨油漆厂领导带着价值20万元斑马牌油漆来了，大庆市萨尔图区副区长曹洪炎带着20万元助学款来了，浙江省海宁市市长应忠良、副市长沈丽华带着价值471万元物资、50万元现金来了，省工商厅、地矿厅送来原煤1 000吨，大庆市龙凤区送来原煤995吨。大庆市援建的超等中学交付使用，东方书画院教授王明远捐助的明远小学交付使用，香港知名人士邵逸夫捐助的逸夫小学交付使用，香港《大公报》捐助的新站镇旭日村学校交付使用，厦门市南普陀寺捐建的超等成功村学校交付使用，大庆市永泰建筑公司捐助的永利乡新立村学校交付使用，龙源市政工程有限责任公司捐助的古龙镇力争村学校交付使用。

在县城，迁出了肇源粮库，辟建了人民广场。肇源世纪龙门、肇源千禧莲城标、肇源"九八"抗洪纪念塔拔地而起。居民住进小区，住进了六七层高的楼房，"一年受灾，一年恢复、二年发展"的目标实现了。

2004年，肇源县委、县政府换届后，新的领导班子按照中央提出的"科学发展观"和"与时俱进"精神，提出了"转一、进二、上三"的发展战略。"转一"：就是坚持用工业化的理念谋求农业发展，积极推进农业工作战略重心转移，加快农牧强县的步伐。"进二"：就是坚持全党抓经济，重点抓工业，突出抓项目的思想，大力实施工业强县战略，建设工业大县。"上三"：就是把第三产业作为县域经济的重要增长点，强力推进，着力建设三产新县。经过3年努力，2008年，全县地区生产总值42.6亿元，是1978年9 816万元的43倍。其中：第一产业产值18.04亿元，是1978年6 768万元的26.7倍；第二产业产值13.45亿元，是1978年2 322万元的57.9倍；第三产业产值11.11亿元，是1978年726万元的153倍。

第八节 改善生态环境 加快城镇建设

1978年，肇源城由旧城区、码头工业区、北门外新兴居民区三大自然区域组成，总面积6.72平方公里，4.8万口人。县城有机械、食品、轻纺、轻工、建材等55个工厂。城南松花江码头是肇源、肇州两县物资集散地。城内居民住宅36万平方米，其中私人住宅18万平方米，占总住宅面积的50%，人均住宅面积3.9平方米。城内基础设施比较简陋，供水主要靠手压井。城内巷道多是土路，路侧砌砖混结构明暗沟排水。由于地势低洼雨季积水严重，暴雨常淹没道路、浸泡房屋。住宅大多是泥土房，县城内只有县政府、电影院、肇源旅社等几处小二楼，总面积不足1.5万平方米。城镇建设没有长远规划，小打小闹搞点工程建设，时间一年一年过去，城镇建设年年没什么大的变化。

1983年，肇源城区共有主次干道37条，除5条主干道铺装了油渣路面，其余都是土路。环城壕东西1.1公里，南北1.1公里，壕内常年存积污水。每到春季，先是发动机关干部，后用机械清掏淤泥。夏季壕沿垃圾混杂，散发臭气，污染环境，壕内外两侧黄土路面泥泞难行。

改革开放后，生态环境建设摆上了县政府重要工作日程。1984年，根据中央"全国各大中城市和重点建设的小城镇，二三年内都要做出城市建设规划，并把城市整顿好、规划好、建设好"的要求，县政府组成专门班子完成了肇源镇环境建设的总体规划，加快了小城镇建设的步伐。

扩街。1978年，肇源街面窄、摊子乱、牌匾杂，给人的总体印象是脏、乱、差。

1986年，县政府本着"统筹规划、高标定位、加大投入、分步实施"的原则，拓展了中央大街。

1988年，县政府制定了"城镇市容市貌管理办法"，加强了街道扩建、整治工作。

1992年，县政府制定"创建省级文明城方案"，整顿城内广告乱写乱贴、幌杆牌匾乱放乱挂，做到牌匾一律悬挂，制作精致、颜色协调、文字规范。

1995年，将南环原木材公司院内确定为四轮车停车场地，大市场北侧确定为小轿车停车场地，广场西北角确定为面包车停车场地，人力车规划到郭尔罗斯大街北侧，天和商场、一商店门前规划为自行车停车场地。从此，街面车辆各停其位。对城区和街道统一规划，清除了路两侧超越红线的棚室。

1997年，县政府下发《禁止私建滥建的具体规定》，组织规划、施工管理部门检查清理，对不经规划部门批准，无审批手续的建房一律拆除，在北门外工商局后面建起了农贸中心市场。

1998年，县政府成立了城镇建设领导小组，主管城乡建设的副县长任组长，公安、政法、规划等部门领导为成员。经2年拆迁施工，拆迁居民住房172户，其中二层楼房1处，拆迁补助费445万元。填平了环城壕，修建了双向环城路，路面拓宽至40米，中间设美化带、绿化带。

1999年，完成了扩宽中央大街、郭尔罗斯大街拆迁建设后，在北门外林肇路北侧新建了建筑材料市场，在松花江大街南侧针织厂院内建了木材、钢材市场，街内老市场改建成轻工农贸市场，在南门里（原木器厂址）建新风物流中心。把街面摊点摊床、建筑物资、农贸轻工产品集中到5个市场中，规范了个体经商地域。

2005年，环卫工人增加到260人，翻斗车增加到32台，日清扫面积6 000平方米，清运垃圾400立方米，公厕增加到80座，每个公厕都派专人清理，解决了居民如厕难的问题。

2008年，完成了街道改造任务，增加了环卫工人，加强了市容市貌管理。

改道。1978年，用"行路难，难于上青天"这句诗来形容肇源的路半点也不过分。肇源城内都是泥土路，刮风一身土，下雨两脚泥，居民人人备胶靴还得高腰的，若一遇刮风下雨甭想出行。当时流行着这样一句顺口溜："天上下雨地下滑，汽车打误马车拉，外出的人儿难回家。"

1983年，肇源城区主次干道37条，有5条铺装了油渣路面。

1986年，随着城镇建设步伐加快，次干道开始陆续硬化。

1998年，虽然遭到了水灾，洪水淹没了半个肇源，但没有淹没县政府重建家园、改造道路的决心。全县人民苦战两年，改造道路97条，总长44.4公里，其中环城路4.4公里、水泥路面2.4公里，肇源有了白色路面。

截至2003年，全县交通基础设施建设累计完成投资8.67亿元，修建县级公路112.7公里，乡级公路67.36公里，村级公路607.3公里，改建了肇新路57公里，明沈路23公里，浩古路38公里，林肇路107公里，五肇路55公里，肇肇路57公里，安民路25公里。

2005年，投资5 00万元建成了滨江大道，提升了肇源交通位次。

2007年，完成高级道路建设工程20条，全长177.2公里。其中白色（水泥）路面166公里，黑色路面（油漆）40公里，红色（红砖）路面308.5公里，完成了滨江大道续建工程3.8公里，修建和平路14公里，莲花路10公里，茂兴路15公里。2008年，全县实现了国、省级干线与2级以上路面连接，县乡间公路达到3级以上高等级路面连接。农村晴雨通车率达百分之百。"一港两桥、三纵五横、村村通"初步构筑了全县区级和省级之间横连东西、纵贯南北的交通公路网络，行路再也不难了。

治水。1978年，肇源县没有供排水管网，春、夏、秋天污水遍地气味难闻，冬天冰包、路滑，人、车难行。

1984年，肇源自来水一期工程完成了规划设计和可行性论证，经省计委批复立项，启动开工。历经4年施工建设，打深水井5眼、建蓄水塔1座、蓄水池2个、供水泵站2座、铺设供水管道19.5公里，1987年竣工，城内正式供水。当年供水量35万吨，用水企事业单位78个、居民用水7 000户，入户率达27%，结束了肇源县没有自来水的历史。

2000年，二期工程启动，历经4年，总投资848.5万元，完成了产水2万吨的设计，年供水量增加到68万吨，满足128个机关企事业单位、2.4万户、7.8万口人的生产生活用水。

截至2008年，共铺设排水管道2.76万平方米，砌筑砖混结构排水沟701米，建污水提升泵站2座，解决了肇源地下排水问题。

绿化。1978年，县城街道两侧大部分栽植杨树，各企事业单位在庭院内植风景树。春季，机关干部、学生、群众到四方山、二站山植树造林。

1999年，县政府实施"三扩"（扩城区、扩道路、扩绿地）规划，植树、栽花、种草、绿化城镇工作摆上了日程。

2001年，完成了中央大街硬化工程，植树2 100株。2002年，松花江大街路两侧植梧桐树2 300株、花树6 754株、云杉树180株，环城大街补栽银中杨450株，中央大街植银杏树160株、山梨树240株。2003年，完成人民广场、抗洪纪念塔4米高樟子松移植任务，中央大街植梧桐树400株，郭尔罗斯大街植柳树2 600株，环城大街植榆树绿篱1.7万平方米，主次干道补栽银中杨600株。

2004年，环城大街绿化带植小榆树绿篱1.27万平方米。2005年，完成15公里路边沟绿化工程，植树1 500株。西海湿地栽柳4 500株、花树4 300株、补栽乔木2 200株、花树3 800株、榆树绿篱2 050米。2008年，城镇绿化总面积达41公顷，道旁树、风景树10万株，单位庭院绿化树木3.8万株，环城大街4.4公里绿化带，松花江大街2 400米绿化区段栽植梧桐树2 400株、花灌木6 700，中央大街两侧栽植山杏树、山梨树，政府大街、环城大街、郭尔罗斯大街栽植了银中杨和云杉树。环城大街7个主要街口、政府大街、中央大街、人民广场、兴源路共植花卉4 000平方米。主街面两侧机关企事业单位和个体户门前都摆放立体花架，上有各种盆景、鲜花，城区人均占有公共绿地面积4.3平方米。

修龙门。改革开放给肇源人带来的是发展，是变化，是欢快，是愉悦。可是每当外地人走出肇源，每当肇源人回到肇源，总感到缺点什么？缺出城的感觉，缺到家的欣慰，缺一座像样的城门。

1998年，县政府决定在肇源镇东风村西横跨郭尔罗斯大街修1座县城东大门（龙门），龙门建成，时逢新世纪开始，又称世纪龙门。龙门由粉色花岗岩净面粘贴而成，上端有龙头浮雕，门脸塑有汉白玉二龙戏珠。门柱上有时任县委书记田凤春题"世纪龙门"四字。造型端庄大方，气势恢宏。肇源系洪水多发区，千禧年建龙门，象征着牵源人民引强龙治水，年年风调雨顺，也象征着肇源县在新世纪如腾飞的巨龙，繁荣昌盛。

树城标。如果说世纪龙门建成给肇源增添了一道亮丽的风景，那么城标的落成就更提高了肇源的品位。

肇源城标始建于1998年，完工于2000年。因时逢世纪2000年，又以莲花为主体，人们也称为千禧莲城标。城标由汉白玉雕塑而成，主体分三部分，第一部分由1朵绽放的莲花和5片相连的荷叶组成，莲花的20个花瓣代表当时的20个乡镇，相连的5片莲叶代表领导全县人民进行四个现代化建设的县委、县人大、县政府、县政协、县纪检委五个班子。第二部分由5束浪花、5片莲叶和5个花蕾组成，浪花代表团结奋进的气势，在浪花上挺立的莲叶代表全县人民奋斗拼搏、奋发向上的精神风貌，含苞欲放的花蕾代表肇源美好的未来。第三部分是圆形底座，在视觉上给人以稳定坚固的感觉，象征着城乡安定团结的大好局面和各行各业稳定发展的形势。整体雕塑宏伟挺拔，展示了团结、务实、争先、向上的肇源精神。

辟广场。改革开放后，不愁吃，不少穿，屁股下有车坐，兜子里有钱花，逐渐富起来的肇源人急需有一块休闲、娱乐场所。为满足人们这一文化生活的需要，县委、县政府决定把位于县城规划中心的肇源第一粮库迁出，建肇源人民广场。广场东临广场小区，南连澳门大世界，西接西环路，北靠北环路，面积7.5万平方米。其中绿化面积4.5万平方米、硬化面积3万平方米。广场内植松柏300余株，建模式舞台1座，设有场标、广告牌、休闲椅、霓虹灯、草坪灯，各种现代化健身器材100余件。人民广场建成，为肇源人提供了1处集观赏、休闲、娱乐、晨练于一体的综合活动场所。

建小区。1978年，肇源人多居住在泥土房内。1座商服楼二层楼，人们都叫它大楼。几座砖房，在肇源人眼里简直就是宫殿。

1983年，在街道改造的同时启动了康居工程，加大了改造居民住房的力度，辟建了居民小区。

1986年，县政府制定《城镇个人建造住宅办法》，将单位职工建砖瓦房紧缺材料纳入地方物资供应计划。要求有条件的单位在房场、材料、运输等方面给予支持和帮助。允许公建私助，也支持私建公助。

1993年，县政府制定建房建楼免收规划费优惠政策，鼓励居民建楼，加快老区改造新区开发。

2005年，城镇砖瓦房建筑面积发展到218.11万平方米，比1978年增394%。楼房由1978年2栋发展到377栋，面积由不足1万平方米发展到110.12万平方米，县城有6 358户居民住进了楼房。人均居住面积由1978年3.9平方米增加到12.1平方米。

2008年，肇源县城已是楼房林立，集花园、草坪于一体的楼房小区标准越来越现代化。一些从来就被人看不起的"土包子"住进了楼房，"楼上楼下，电灯电话"已成为肇源人的现实生活。

第九节　启动民生工程　提高生活质量

在党的十六大会议上，党中央认真总结了中国改革开放的经验，胡锦涛总书记提出"以人为本"的科学发展观。强调执政为民，执政党要为人民谋福利，改革开放的成果要国家与人民共享。县委、县政府认真学习党的十六大报告，把执政能力的提高放在以人为本、为人民谋福利上。启动了民生工程，提高了人民生活质量，人们的衣食住行发生了质的变化。

衣。改革开放前，男人多穿青白花旗布、蓝斜纹，过年过节给孩子买套花达尼衣服，还得不错的人家。改革开放后，20世纪80年代，肇源时兴穿的是"的确凉"、涤卡，夏季城乡居民多穿白色半袖衫，春秋男着中山装，女穿翻领服，颜色以灰、兰、黄为主，农村上年纪的老年人仍有穿青布衣裤、缠腰扎腿的习惯。当时流行一句话是："的确凉裤子，苞米面肚子。"

20世纪90年代初，着西服成了时尚，衣料多为涤纶，生活好的可以穿半毛料，着一套毛料西服不是高干也是大款。20世纪90年代中期，夏季韩国衫流行，冬季穿皮夹克、羽绒服、裘皮大衣。进入21世纪，城镇居民衣着讲款式，男性多着时尚中高档休闲服，女性服饰由长短裙改为半腿裤，上衣较薄，轻便凉爽，款式多变。老年人多往年轻打扮，面料多选鲜亮颜色，街巷时有七旬老妪穿花红上衣，绣花裤腿者。农村青年服饰仿照城市，老人们不再穿对襟褂子、扎腿裤子，衣着具时代气息。

食。1978年前，农村人有几袋子玉米、几百斤土豆、半缸酸菜，就糊弄一年。城镇居民月供应粮28.5斤、3两豆油，逢年过节配2斤大米。1983年，农村实行联产承包责任制后，农民开始种啥吃啥，多吃玉米面、小米，过年过节用粗粮换点大米白面，家家淘黄米蒸豆包。1993年，粮食市场放开，城镇取消粮食供应，居民以大米、白面为主食。蔬菜夏吃黄瓜、豆角、茄子、西红柿，冬吃土豆、酸菜、萝卜条，改善生活吃些鸡鱼肉蛋，春节多数农户杀年猪。进入21世纪，城镇居民食物结构逐步由口感型转向营养型，玉米面、小米等粗粮被视为细粮补品，副食不再是大鱼大肉，多吃蘑菇、木耳、苦瓜、海鲜等。不少人家到够级饭店吃团年饭。人们常说，过去是天天盼年，现在是天天过年。

住。改革开放前，农村住的是泥土房，有几间砖房的不是村委会就是"土财主"。城镇居民多住砖混结构平房，几所小楼不是机关就是商店。改革开放后，农民住砖瓦房的日渐其多。1994年，农村住房砖瓦化率达23%；1997年达38%；1998年遭特大洪水，经多方资助，重建家园；1999年，农村住房砖瓦化达率50.06%；2005年达61%。城里人扒了平房建楼房。2008年，城乡建住宅楼近200栋，面积约100万平方米。私人建二层楼60多栋，面积15万平方米。有6 000户居民住进了楼房，占城镇居民总数

20%。

行。1978年前，人们出行远途坐火车、轮船、大客车，近道靠自行车。有台永久、凤凰、飞鸽牌自行车是不错的人家了，多数人就以步当车。全县只有县委、县政府有1台212吉普、1台罗马。进入20世纪90年代初，县里有了进口轿车丰田、尼桑、桑塔纳。20世纪90年代中期，两轮摩托代替了自行车。20世纪90年代末，三轮摩托成了城内主要交通工具，豪华型大巴、中型依微客、小型轿车代替了普通大客车。2005年，机关、企事业单位都有了豪华型轿车，城内有了出租车和公交车，农民买面包车，市民买家庭轿车，甚至更高级的奔驰、宝马、奥迪等已不属罕见。排气量大、污染性高的"212"退出了交通运输工具行列，人们旅游出行远乘飞机近"打的"，路面由黄色土路变为黑色（二级柏油）、白色（一级水泥），出行人再也不受旅途劳顿之苦。

通讯。电话座机由"摇把子"交换台到半自动、拿起来讲、全程控、数码化只用了不到20年时间。移动电话由传呼机、到大哥大、砖头子再到袖珍、小型、数码只用了不到十年时间。过去遇急事发个电报要跑几里、十几里、几百里路去找邮局，现在宽带联网，坐在家里打开电脑上网玩游戏、下象棋、打麻将、斗地主、聊天、购物、看影视已经不是孩子们的独有权利了，大人、老翁、老妇也享受其乐。

一免两补。2004年起按照国家规定免除农业税，农民种地不再纳税，村级干部报酬、五保户供养、办公经费三项费用全部由财政转移支付资金支出，农民种地实行"两补"（粮食直补，良种补贴）。粮食直补（按计税面积）每亩补13.95元，良种补贴（按实插面积）水稻每亩补15元、玉米每亩补10元。当年全县水稻补贴面积35万亩，补贴资金526万元。玉米面积4.8万亩，补贴48万元。

社会保障。2005年农村 实行新型合作医疗。参合农户68 667户，229 698人，占应参合总数的90.7%。确定10类90种大病实行单病种定额补贴，补助最低标准100元，最高标准5 000元。对患者不属于10类90种病，但有特殊困难、特殊贡献、特殊费用的参合农民，年末在资金允许的情况下，予以特殊核销。农村实行低保，贫困农民的生活有了保障。

在城里，1983年，行政事业单位正式职工和企业全民所有制职工享受全额公费医疗，由单位包干。1985年，由单位全额包干改为"两级包干、重病补贴"。1993年，实行癌症保险，大病统筹、普通定点包干。1997年，建立社会统筹医疗基金与个人医疗账户相结合的社会医疗保险制度，实行总额控制，分块包干、封顶保底、重病补贴保证基本医疗的办法。财政按上年机关企事业单位职工工资总额4%筹资，用人单位按在册职工工资总额1%在经费中缴纳，个人按上年工资总额2%缴纳（老红军、二等乙级以上伤残军人、离退休人员不缴费）。2001年， 医保费筹资比例改为财政按上年职工工资总额3%筹集，用人单位按上年职工工资总额的1.5%征嫩，个人缴费比例不变。离休干部医保费由每人每年1 200元提高到2 500元。

1986年，实行社会保险，形式为单一的社会统筹，局限于国有企业职工。当年参保企业153户，参保人数805人，全年收缴保费204万元，全县享受待遇1 894人，共发放养老保险金200万元。1990年，参保企业185户，参保人数12 412人，当年缴费449万元，享受养老待遇的2 974人，发放养老金421万元。1995年，参保企业180户，参保人员9 715人，缴费480万元，享受养老待遇2 832人，发放养老金452万元。1996年，进行第一次改革，把社会统筹和个人账户相结合，把养老保险与参保职工利益联系起来。当年参保企业189户，参保12 675人，缴费797万元，享受待遇2 802人，发放养老金744万元。1998年，实行第二次改革，将保险覆盖面扩大到城乡各类企业和个体工商业者。养老保险基金筹集除企业和个人按比例缴费外，省、市财政按年划拨专项调剂资金。养老金的计发由原来根据工龄和工资标准确定百分比改为参保者以保费年限、账户存额和退休时的社会平均工资额度综合计发。当年参保企业145户，参保12 482人，缴费744万元，享受养老待遇2 187人，年发养老金710万元。2000年，进行第三次改革，将人事、民政、劳动就业中心分管的机关事业、失业、农村养老保险业务一并纳入社会保障统一管理，全县养老保险覆盖面达到100%。保险费由县级统筹改为市级统筹，养老金由企业发放改为全面社会化发放。2001年，参保企业增加到1 259户，参保17 766人，缴费2 724万元，享受养老待遇5 813人，发放养老金3 796万元。2005年，享受养老待遇5 553人，年发放养老金2 698万元。2008年，享受养老金待遇14 686人，年发放养老金5 291万元。

第十节 挖掘文化底蕴 构建魅力肇源

肇源县历史悠久，文化底蕴深厚。早在远古时期，这块土地上就有肃慎、扶余、契丹、女真等民族居住，至今留有古文化遗址。截至2008年，境内古代文化遗址105处。有距今6 500多年的小拉哈遗址，有全国重点文物保护单位白金宝遗址，有黑龙江省文物保护单位权拉干、衍福寺双塔、望海屯古城。1973年，在三站镇出土的猛犸象骨骼化石长5.45米、高3.33米、门牙长2.05米，距今已有2.1万年，由省博物馆保存。1996年，在新站镇出土的王氏水牛化石个体，装架后长3米、高2米，距今已有1万年以上，在县博物馆收藏。经有关部门多次挖掘，白金宝、小拉哈出土的石刀、石斧、石锥、石针、陶器、瓷器、玉器、古钱、铜镜等都是国家重要文物，都是这块土地的历史见证。

1995年，县委、县政府把旅游业纳入了改革开放的日程。是年，第一个批准王景荣募资在四方山修建佛教"慧圆寺"，占地8 000平方米。

1996年，由县民政局投资16万元整修了四方山革命烈士纪念塔、烈士陵园，新建烈士墓11座。

1997年，利用大庆市旅游周转金30万元在双榆专景点修建砖围墙192米、山门1座。

1998年，县政府集资修建二站莲花湖景点。建正门1座、古石狮1对、牌楼4座、石雕莲花仙子像1尊、长廊100米、赏莲亭8座、装饰性木屋13座、桥1座、游船20只、码头3座、商服性建筑1 200平方米，厕所2处。双榆寺景点增建殿堂1座，置观音菩萨石雕像1尊，影壁墙1座，停车场1处。修建二站至双榆寺柏油路8公里。由市民孙德成个人投资开发了燕子湖景点，内建大理石拱桥1座、凉亭2个、长廊90米、莲花池1个，弥勒佛像1尊，天王像4尊。

2001年，县政府拨款20万元对二站莲花湖和双榆寺进行了复修，建筑民意乡至大庙村柏油路6公里。

2002年，县政府投资开发"西海湿地旅游景区"，总占地面积400公顷，内建长廊800米、观鱼池8个、赏莲池23公顷、观鸥台2座、装饰性木屋9座、巨幅示意图1座、石桌8个、石凳32个，购置电动旅游车3台、电动船4只、遥控船10只、脚踏船19只、望远镜20台，建环海路6.5公里。

2004年，县旅游局争取到省旅游发展金20万元，聘请黑龙江大学编制了《肇源旅游事业发展规划》。

2005年，县委、县政府在民意乡召开了大庆大庙旅游景区建设新闻发布会，由市建设局捐80万元物资启动了行福寺正殿建设工程。同年9月，县旅游局争取到市旅游发展金20万元、省旅游发展金10万元，启动了莲花湖景点广场、停车场建设，铺设红砖立砖面积6 900平方米。与大庆市外贸旅行合作社合作成立了"大庆外贸旅行社肇源营业部"，开展对外旅游、商务考察、出国签证、出行票务、国内外团队散客自助旅游、私人出行预订机票等服务。截至2008年，共接待客商及贵宾8.6万人次，签订经贸项目200多项，协议金额20多亿元，实现旅游收入2 600多万元。县旅游局被大庆市评为"游大庆、知大庆、爱大庆"活动先进单位。

2008年，县城有文化馆、博物馆、图书馆、歌厅、网吧，各乡镇有文化广播服务中心，民间文学社团有"沃土诗社"，《肇源文艺》获正式内部刊号。文学创作队伍300多人。有18部个人专著经正式出版社印刷出版。黑龙江省委党刊《奋斗》曾发表文章称"肇源现象"。县文工团成功地加入了龙江剧院联合体，成为龙江剧院分院。东北地方戏二人转《姜须搬兵》获表演、导演、创作三项国家一等奖。秧歌队、舞蹈队、舞剑队、舞扇队、健美操队、门球队、乒乓球队、民乐队常年活跃在社区、广场、大街小巷，丰富了人民群众的文化生活。肇源县被省委（2000年）评为文化工作先进县。

全县有培训田径、武术、举重、摔跤运动员的体校1所，容纳3 000人的灯光球场2个，4 000米标准跑道竞赛场1个，330米滑冰场1个，250平方米门球场2个。1978年以来，参加国家、省、地（市）各项比赛共获金牌354块、银牌427块、铜牌419块。新站镇、肇源镇、薄荷台乡、古恰乡、和平乡先后被国家农牧渔业部、黑龙江省农牧渔业厅授予"亿万农民健身活动先进乡镇"1990年，国家体委授予肇源县"全国体育先进县"称号。

1992年，国家体委授予肇源县"全国武术之乡"称号。1994年，国家体委授予肇源县"全国群众体育工作先进县"称号。

全县有县级卫生医疗机构6个，乡镇级卫生院16个，村级卫生所135个，卫生室66个，企业医院、诊所18个，个体医院1个。县乡有卫生医疗技术人员749人，村级卫生技术人员460人，企业和个体卫生技术人员30人。乡镇计划生育站16个，村级计划生有服务室137个。人口控制率7.9%，自然增长率控制在3.98%。卫生防疫工作一直处于大庆市领先地位，进入了全省先进行列。五苗（脊髓灰质炎、百日咳、白喉、破伤风、麻疹）全程接种率99.9%，传染病综合发病率呈下降趋势，结核病发现率100%，治愈率98%。产妇住院分娩率95%。环境污染逐步治理，脏、乱、差习惯正在改变，良好的卫生习惯正在形成。2005年，启动了农村新型合作医疗，参合率达90.7%，疾控中心和传染区建设项目达省级标准，肇源县被评为省级卫生工作先进县。

科技信息事业发展迅速。机制改革后，累计推行科技成果16项，上级立项4项。培养科技示范户1 350户，科技培训35万人次，发布科技信息192条，成立民营科技机构5个，发展民营科技户12家，建科技园区166个（县级3个、乡级51个、村级112个），涉及13个作物、26个品种，以色列番茄、无刺黄瓜发展趋势良好，引进新技术32项。谷子标准化技术、水稻旱育稀植、蔬菜棚室生产、玉米大垄双复等在全县推广面积达百万亩。2005年，争取国家、省、市科技开发项目资金130.8万元，联合国开发计划署（UNDP）贫困地区奶牛标准化管理研究、地产中药技术开发等一批科研项目都取得了一定成果。

启动政府网络平台建设。全县有26个单位与中心平台实行了对接。通过平台网络辟建了肇源政府网站《肇源之窗》，把肇源的概况、历史沿革、自然资源、农业、工业、第三产业及城镇建设情况上网。向外发布招商引资政策、产品供求信息，较好地对外宣传和展示了肇源。

2008年末，全县有中、小学校216所，其中高中2所，完全中学1所，初级中学2所，小学190所。电视大学、教师进修学校、职业高中、聋哑学校各1所。中小学在校学生4万多人。两基（基本扫除青壮年文盲、基本普及九年教育）工作在2000年代表黑龙江省通过国家验收，成为优秀县份。扫盲工作结束，普九教育达标。学前教育正由一年向二、三年发展，民族教育、特殊教育、成人教育、在岗职工、下岗就业人员培训成果显著，全县中学、县直小学、农村中心小学、部分村小学都装配了微机室，开设了信息技术课。每个乡镇都安装了地面宽带网，配置了接收站。县直8所学校实现了"校校通工程"，小学英语开课率达100%，校舍实现了砖瓦化，部分学校建起了教学楼。

2011年，全县地区生产总值实现128亿元，全口径财政收入和地方一般预算收入实现9.5亿元和3.6亿元，城镇居民人均可支配收入和农民人均纯收入实现14 000元和9 345元，同比分别增长44.7%、16.8%、19.9%、46.4%和16.5%。农村经济增势强劲。完成农业投资5.5亿元，启动"双十工程"项目43项，新增抗旱保收田35万亩，新建棚室9，500栋，新增水田4万亩，粮食总产达到30.2亿斤，再次荣获全国粮食生产先进县称号。工业经济快速发展。新（续）建产业项目148个，新肇内陆港、金天然乳业、雨润生猪等重大项目快速推进，大广工业集中区晋升为省级县域重点工业园区，招商引资到位资金25.2亿元，对上争取资金10亿元，工业增加值实现60亿元。城乡面貌明显改观。开发建筑工程50项，改造棚户区44.6万平方米，城镇污水处理厂和无害化垃圾处理厂运营，路网畅通工程成效显著，改造泥草房9 680户，小城镇建设完成投资7亿元。第三产业持续繁荣。旅游景区功能进一步完善，餐饮住宿、商贸流通、金融保险、交通运输业加快发展，实现增加值25.6亿元。民生事业长足进步。完成中小学校、村级幼儿园和县中医院、乡镇卫生院、村级标准化卫生所等建设项目，社会事业完成投资3亿元。群众工作站有效运转，信访总量持续下降，社会局面总体保持和谐稳定。

进入2012年以来，坚持30多年的励精图治、深化改革、扩大开放，开辟了中国特色社会主义道路形成了中国特色社会主义理论体系，达成了改革开放是强国之路，是我们党、我们国家发展进步的力量源泉的共识，呈现了国际地位持续不断提高、综合国力显著增强社会经济取得全面进步、人民生活水平明显改善教育发展取得长足进步等。

乘风破浪深化改革、昂首阔步扩大开放。对于始终站在改革开放前沿的肇源县来说，改革开放经历了一个由浅入深的发展历程。改革开放所取得的巨大成就使全县城乡面貌焕然一新，人们的思想观念发生了深刻的变化，与社会主义市场经济相适应的自主意识、创新意识、开放意识与先进的思想文化意识，促进社会生产力发展的效率观念、效益观念、法治观念等文明进步的社会观念逐渐深入人心，引发了全方位变化，也迎来了各项事业突飞猛进发展的新时代。县委、县政府增强改革定力，压实改革责任，把深改工作作为主战略、主战场、主抓手，在全面建成小康社会决定性阶段，以解决人民日益增长的美好生活需要和不平衡不充分发展之间的矛盾为目标，全面深化改革，保障和改善民生，加快县域经济社会振兴发展，努力建设富强民主文明和谐美丽新肇源，改革开放的步伐更加坚定。

肇源县立足本地实际，不断调整和转移县域经济发展的方向重心，在新常态下不断推出新思路和新举措。县委县政府坚持以工业化和商业化的视角审视研究农业，农业内部结构和种植结构不断优化，基础保障能力不断增强，市场化进程不断加快，社会化服务体系不断完善，发展质量不断提升，全县百万亩智能化水稻产业带初步形成，水田实现从催芽、播种、育秧、收割全程机械化。改造了沿江大型灌区和大小泵站，逐步完善排涝渠体系建设。土地整理项目提高了农业效率。鼓励和支持农业大户、家庭农场，发展农村专业合作社和区域现代农业综合服务体。建设现代农业示范区和新增高效节水灌溉农田面积。粮食产量逐年攀升。

坚持以富民富县富产业的标准谋划工业，鑫庆吉肉业、鹅香久食品、金祖酒业、惠丰乳业工业园、正邦生猪产业化、金胡新村农业科技示范园、周黑鸭大鹅产业化等连一产带三产的省重点项目有序建设，肇源工业园区成功晋级省级经济开发区，承载能力进一步增强。新站粮食物流加工园出现了企业争相入驻，顺德米业、龙泰杂粮建成投产，粮食集散地半径不断扩大，沈铁内陆港二期完工，运载能力进一步加强，皮革工业园区生产企业保持旺盛劲头，税收逐年提升。黄金水道久盛不衰，肇源新港年吞吐量超过120万吨。松嫩干堤防达标、胖头泡蓄滞洪区等重大项目有力推进。畜牧业和水产业也方兴未艾，蓬勃发展。

坚持以金融保险业和电子商务牵动第三产业发展，城市功能持续完善，服务水平持续升级，传统商贸业持续发展，金融保险业活力持续释放，健康养老和文化旅游业持续升温，电子商务等供应链持续优化，电商产业园晋升为省级中小企业创业孵化基地，第三产业对经济的贡献率进一步提高。

民生支出占公共财政支出比重达到85%以上，一批惠民举措落地实施，出台《肇源县供热保障工作实施方案》等6项制度，强化供热保障措施和企业监管，实施全县供电增容，加快"引嫩入肇"工程推进，增加城市燃气用户数量，改造西海湿地公园环境，实施城区休闲式绿化、重点区域净化、分片逐路亮化，服务功能更完善，教育、卫生、医疗、文化事业蒸蒸日上，城乡道路更加畅通，城乡医疗保险日趋完善，扶贫攻坚更加精准。城镇居民可支配收入和农民人均纯收入分别突破2万元和1万元，人民生活指数明显提高。一曲曲华彩乐章讴歌了深化改革的伟业，一组组闪光数字记录着扩大开放的奇迹。

沐浴改革开放的春风，肇源人民的精神面貌发生了根本改变，物质极大丰富带来了人们精神饱满，精力充沛，于事业劲头精猛强劲，也收获了丰硕成果。肇源县相继荣获国家级科技进步示范县省级生态县顺利通过验收、全省文明村镇建设先进县、省级平安县、国家轻工业联合会和中国皮革协会命名为"中国皮革产业基地"、中国最具投资潜力特色魅力示范县200强、全国农产品质量安全创建试点县和国家绿色高产高效杂粮示范县、全国群众体育先进县、10次获得全国粮食生产先进县、作为全省唯一县份，被国家八部委确定为首批国家农业可持续发展试验示范区，作为全省四个县市之一，入选国家有机产品认证示范区创建县，省级农产品质量安全县、数字农业试点县纳入农业部补充项目、电商产业园晋升为省级中小企业创业孵化基地、鲶鱼沟实业品牌营销模式荣获首届"农担杯"黑龙江省优质农产品营销大赛冠军，"乾绪康"系列有机米荣获第八届、第九届、第十届、第十一届中国上海国际有机食品博览会产品金奖。

改革进入深水区，各个领域都需要改革，改革开放依然面临困难重重，肇源县四十年取得的成就最根本的原因，就是坚持了改革开放这一政策。回眸四十年改革开放之路，肇源的未来，一定会咬住青山不放松，坚持改革开放不动摇，坚持"贵"在生态、"特"在风格、"融"在产业、"活"在机制、"本"在民生、"严"在自身，构建"1 +3 +N"产业体系，坚决拥护以习近平为核心的党中央改革开放的部署，坚定不移地走好改革开放每一步。47万肇源人民有决心有信心，在改革开放的征程中，戮力同心、勇往直前。

现在工作生活在肇源的人，过去在肇源工作过的人，过去来过肇源今天再来肇源的人，都说改革开放后的肇源变了。改革开放后的肇源真的变了，肇源的路变宽了，肇源的楼变高了，肇源的街变净了，肇源的车变多了，肇源的人变富了。肇源离实现撤县建市，建设松嫩流域富裕县，全面建设小康的奋斗目标越来越近了。

第八章　加快扶贫攻坚
全面奔向小康

第一节　全面组织动员　层层落实责任

2012年11月，党的十八大在北京胜利召开，以习近平为总书记的党中央提出了全面建成更高水平小康社会的目标要求，肇源县委、县政府坚持认真贯彻落实这一目标要求，严格按照中央、省、市指示全面组织动员，层层落实责任，成立了由县委书记、县长为组长，县委副书记、常务副县长、纪检委书记、县委组织部长、县政府分管副县长任副组长，相关部门为责任单位的扶贫开发领导小组，并由县委组织部牵头抓落实县处级领导包乡镇、县委常委包贫困村、县乡科级干部包贫困户，实行"双重帮扶"，共下派县直、中省直帮扶干部838名；选派乡村干部895名，实现帮扶贫困户全覆盖。通过层层传导压力，有效推动全县干部全身心投入脱贫攻坚，确保各项政策措施落得快、落得实、落得准。

为了加快扶贫攻坚的力度，肇源县委县政府先后召开四次县委常委会议，四次政府常务会议，六次扶贫开发领导小组会议，六次专项推进会议和一次全县干部培训大会来推进这项工作。

坚持上下同步、统筹推进原则，县委书记、县长亲自研究，带头抓落实，县委常委（扩大）会议、县政府常务会议高位研究部署；分管领导专项督办指导；牵头部门各司其职，协调统筹推进；"两办"、扶贫办综合指导协调；组织部门全面组织调度、考核；各乡镇具体落实精细推进；帮扶责任人精准施策。聚焦解决贫困人口保障及增收短板，成立健康扶贫、住房保障、饮水安全、产业项目等十个专项推进组，分领域齐抓共建，精细推进。同时，为推进脱贫攻坚纵深开展，围绕"两不愁三保障"、产业项目带动、贫困户利益联结、考核管理、督查督办、增强内生动力等方面，先后出台了《2018年肇源县脱贫攻坚工作要点》《肇源县2018—2020年脱贫攻坚三年行动方案》《肇源县健康扶贫工作实施方案》《关于建立肇源县产业扶贫利益联结机制的通知》《肇源县扶贫项目实施管理办法》《2018年肇源县产业扶贫实施方案》《肇源县"自强、感恩、文明"教育活动实施方案》《肇源县帮扶责任人考核管理办法》《肇源县帮扶责任人培训实施方案》《肇源县脱贫攻坚问题整改实施方案》《肇源县脱贫攻坚督查工作实施意见》《肇源县脱贫攻坚问题整改持久战实施方案》《肇源县培育村级创业致富带头人实施意见》《肇源县脱贫攻坚农村环境卫生整治歼灭战实施方案》《肇源县脱贫攻坚农村危房改造总决战实施方案》《肇源县农村饮水安全脱贫攻坚战实施方案》等一系列指导性文件，确保各项工作有效落实。

第二节　强力推进落实　确保完成任务

2018年底实现脱贫622户1 328人，完成年初制定的脱贫计划，没有返贫和新增，剩余362户807人未脱贫贫困人口将于2019年全部实现脱贫。

为了保证完成上述任务，重点抓了以下七个方面工作：

一是紧抓政策落实，补齐"两不愁、三保障"短板。为深入贯彻落实扶贫政策，补齐贫困人口生产生活保障短板，肇源县高点站位，精准推进，确保政策落实到点到面，保障推进到户到人。安全饮水方面。针对安全饮水保障工程的紧迫性，成立了决战期工程指挥部，县委书记、县长亲自挂帅，亲自督战；副县长靠前指挥，成立了综合组、财审组、推进组和乡镇协调配合组，实行日例会、日报告、日核查、日推进制度；纪委书记、政法书记、公安局长亲自任总指挥，及时协调解决工程遇阻和各种矛盾。2018年肇源县投入6 569万元，其中：社会投资2 332万元，中央投资及债券4 237万元，实施了农村饮水安全工程建设，共规划建设实施工程153处，其中：新建和改造工程63处，贫困户联网入户工程83处，实施集中供水安全水源7处。工程实施范围涉及全县16个乡镇、96个村、204个自然屯，受益人口达17 545户、86 598人，其中：贫困户439户、959人，已全部解决贫困户饮水安全问题。同时，县政府累计追加投资约1 454万元解决属于乡村事权的管网铺设、工程用电等事宜。住房保障方面。2018年肇源县建档立卡贫困户危房改造418户，其中：C级12户、D级318户、无合理稳定居住条件88户。C级危房12户已全部通过维修解决；D级危房通过翻建解决300户、购买安全住房解决16户、修缮解决2户；无合理稳定居住条件户通过享受租赁政策解决87户、购买安全住房解决1户，截至2018年10月末，全县贫困户住房安全已全部得到保障。教育保障方面。通过金秋助学、雨露计划、春蕾行动等多种举措保障贫困学子就学条件，目前，已为347名建档立卡贫困户家庭学生发放教育资助资金124.6万元，建档立卡贫困户中无义务教育阶段辍学学生。健康扶贫方面。肇源县建档立卡贫困户中因病致贫776户1 716人；因残致贫332户755人，因病因残贫困人口数占贫困人口总数的81.3%，针对以上情况，县政府认真落实"先诊疗、后付费"、"一免五减"、大病保险、政策，为贫困人口每人交纳基本医疗保险180元、交纳人身意外险30元、交纳商业补充保险218元，全面织密织牢贫困人口健康保障网。截至目前，先诊疗后付费共计526人，垫付资金270.14万元；一免七减共计911人，减免费用21.31万元。

二是拓宽增收渠道，提高精准脱贫质量。结合落实习总书记对黑龙江两次讲话和省委"两头两尾"产业发展目标及市委争当转型发展排头兵的要求，立足肇源县实际，围绕"1+3+N"产业体系构建，在全面夯实"两不愁、三保障"基础上，采取扶贫专项资金支持、龙头企业带动、新型经营主体助力、贫困户自主的方式，实现贫困人口增收致富，一方面是实施产业带动扶贫。利用专项扶贫资金1 473.4万元，实施种养殖产业项目9个，已全部竣工并通过验收，可带动贫困户941户2 165人，人均增收1 000元。同时，严格按照项目库建设标准，积极谋划扶贫项目入库，持续争取国家政策和资金支持，目前已入库扶贫项目84个（产业项目54个，基础设施建设项目30个），我们已经启动前期项目准备工作，2019年计划实施5个产业项目。另一方面是实施金融撬动扶贫。截至目前，累计发放产业扶贫贷款和小额扶贫贷款7 941.1万元，其中：产业扶贫贷款4 200万元；扶贫小额贷款3 741.1万元，户贷比为62.8%。我们主要采取三种模式：①采取龙头企业带贫模式，由鲶鱼沟实业有限公司申请贷款4 200万元，用于企业经营发展，为全县所有贫困户进行分红，户均增收1 800元。②新型经营主体助贫模式，以16个种养殖合作社为实施主体，吸纳贫困户贷款3 581万元入社分红，带动899户2 082人，户均增收2 400元。③户贷户用模式，共有47户贫困户贷款160.1万元，用于发展种养殖，为贫困户自我造血提供了有力保障。经第三方机构审计，全部贷款使用正常，无不良贷款和使用风险。

三是强化帮扶举措，提高帮扶成效。着眼扶贫干部攻坚能力不强，帮扶能力弱、帮扶效果不明显等问题，多措并举，提升干部帮扶能力。外出考察学习借鉴。经市委组织部、市扶贫办联系协调，组织扶贫办、各乡镇主管领导、有关部门负责人共30人，围绕产业发展、"两不愁、三保障"政策落实、县乡村三级档案规范等内容，赴桦川、桦南考察学习，认真学习借鉴两县的成功做法，结合肇源县实际，形成了有针对性的8个方面13条整改措施；开展扶贫干部专题培训。组织全县扶贫干部集中培训两次，累计培训全县帮扶责任人、驻村工作队、村"三职"干部3 205人次，进一步改进了帮扶干部作风，提高了帮扶干部的素质能力。积极开展各类帮扶工作。全县120多家单位开展了贫困户就业招聘大集、医疗义诊、温暖之冬等活动，共为贫困户送政策9 000多人次，解决生产生活困难1 001件，帮助联系贫困户意向就业164人，为贫困户送温暖、送爱心3 000多次。同时，帮扶部门及帮扶责任人探索出了"帮扶责任人+贫困户+合作社""借羊生羊""托管代养"等多种扶贫新模式，由"输血式"帮扶向"造血式"帮扶转化。

四是注重志智双扶，营造脱贫氛围。采取志智双扶的方式，强化营造脱贫攻坚氛围，通过悬挂条幅、张贴标语、绘制彩绘墙、设立宣传图板等形式，潜移默化教育群众。组织开展了以"自强、感恩、文明"为主题的扶志扶智教育活动，制定下发了《肇源县"自强、感恩、文明"教育活动实施方案》，在此背景下，肇源县根据驻村扶贫干部真实事迹，编排了大型龙江剧《头雁》，该剧以引导发展扶贫产业为主线，把"扶志扶智"、"扫黑除恶"、教化民风等元素有机融合，受到了省、市领导的一致认可。目前，已经在县、市、省演出20多场，观众6 000多人次，在各级党员干部和贫困群众中起到了极大的反响。同时，开展的"红色文艺轻骑兵送欢乐下基层"慰问演出和社区音乐会等"文化下乡"活动，共计演出30多场次。为群众播放《第一书记》《厉害了，我的国》等有教育意义、正能量且群众喜闻乐见的电影1 620场。妇联、总工会、工商联等部门积极组织开展5场政策宣讲活动，围绕家庭教育公益大讲堂活动，采取"居民点单·我来服务"模式，目前已开展 6场，受益妇女820人。全年选树表彰创业典型78人、"最美家庭"100户、"肇源最美女性"13人，开展适合妇女创业就业的育婴师、养老护理员、剪纸卷轴画等技能入门培训15期，大鹅养殖、月嫂巾帼致富带头人培训班4期（每期培训7天），培训妇女614人次。通过各类典型的挖掘和宣传，用身边人讲身边事的形式，进一步提升贫困户的脱贫底气，引导贫困群众树立苦熬不如苦干、勤劳致富光荣的思想，进一步树立脱贫信心。

五是立足部门职能，深挖社会力量。民政、妇联、工商联、总工会、红十字会等部门，积极发挥职能优势，广泛吸引社会力量参与扶贫，实施临时救助1 357人次，共发放资金146.6万元，其中对低保户贫困户和贫困户实施急难临时救助67人次，共发放救助资金20万元。组织各类企业实施"希望工程龙江证券之光奖学金""工程圆梦行动大型公益活动""乡伴童行关爱留守儿童""春蕾助学·金秋圆梦""金秋助学""巾帼脱贫之情暖母亲行动""巾帼脱贫之关爱困境儿童""巾帼脱贫之爱在暖冬行动"等帮扶公益项目7个，共筹集救助物资资金41.72万元，受益贫困妇女儿童711人，为193名建档立卡患病母亲、高龄老妇代会主任、贫困英烈遗属发放价值11.02万元的救助物资，为14名农村建档立卡"两癌"妇女争取救助金14万元，为105名建档立卡春蕾女童发放助学金6.99万元，协调爱心人士为301户建档立卡贫困户募集总价值5.5万元的棉服等用品。

六是强化问题整改，突出作风建设。在问题整改上，肇源县严格对照省、市提出的共性问题，照单全收，举一反三，系统全面查摆，彻底深挖存在问题，狠抓整改责任落实，能立即解决的立即整改，不能立即解决的我们制定了整改计划，建立了整改台账，落实了责任人，确保问题整改如期完成。严格对照中办通报、省际交叉考核、第三方评估、中央第六巡视组等反馈需要举一反三对照整改的5大类、81个问题及市自查发现的6大类、8个问题，对照梳理出肇源县5大类20个问题，整改问题已全部完成。同时，针对已经整改完成的问题，继续跟踪，持之以恒，对长期性工作要持续改进和提高。在作风建设上，我们坚持把作风建设摆在脱贫攻坚工作的突出位置，认真组织开展了扶贫领域作风问题专项治理，摸清作风建设薄弱环节，落实专项整改措施，用作风攻坚的成果促进脱贫攻坚工作落实。按照下发的《肇源县开展扶贫领域作风问题专项治理实施方案》及《关于在全县开展脱贫攻坚工作督查的通知》，重点从"四个意识"不强问题、责任落实不到位问题、工作措施不精准问题、资金管理使用不规范问题、工作作风不扎实五个问题开展专项治理。由县委组织部牵头，联合纪委、审计、扶贫办等部门组成了督导检查组，对各行业部门及各乡镇脱贫攻坚工作完成情况进行常态化督导督查。对发现的问题立即下达脱贫攻坚问题整改清单，对问题整改不力的由组织部约谈部门或乡镇主要领导。

七是加强基层组织建设，壮大村集体经济。充分发挥党建促脱贫作用，把基层组织建设作为脱贫攻坚前沿阵地，以"四有党支部"建设为目标，深入开展农村党组织建设质量三年提升工程，突出"四抓"。①抓转化建设。制定了《农村党组织建设质量提升三年行动计划》，按照"质量提升标准"现场培训党务干部565人，规范了1 362名村"两委"干部和631名后备干部档案，并结合"较差"村党组织三年转化整顿提升行动等重点工作，出台了《"较差"村党组织整顿转化三年规划》，下派42名第一书记和支部副书记，查摆并解决"较差"村问题37个、商定事项115个，认领群众微心愿124个，服务群众2 513人，基层组织转化效果明显。②抓管理建设。持续组织县处级领导、包保单位和帮扶干部下沉到帮扶村，实现帮扶无缝对接。采取基层党组织推荐、组织部审核的方式选派14名优秀干部充实定点驻村工作队。同时，加大驻村工作队员、帮扶责任人的管理考核力度，对表现突出的12名驻村干部和帮扶责任人给予提拔重用，对4名工作不力的帮扶责任人及时进行召回。③抓项目建设。将扶贫项目资金与壮大村集体经济项目资金打捆使用，通过党员模式户、致富带头人引带，帮助贫困群众脱贫致富。鼓励基层党组织和党员致富带头人领办承接芡实、肉牛、藏香猪、梅花鹿等种养殖特色产业项目54个，7个贫困村和部分村集体经济薄弱村实现了村集体经济增收和贫困户脱贫双赢。④抓载体建设。发挥各级党组织引带优势，创造性地实施了驻村工作队"1+2+1"（1名市派驻村工作队长、2名县派驻村干部、1名村支部党员）、借羊生羊、"帮扶责任人+贫困户+合作社"等扶贫新模式，打造了"爱心超市""文明实践站"等党建"志智双扶"载体。

第三节　坚持典型引路　取得明显效果

在强力推进扶贫攻坚的同时，肇源县委县政府还特别注意总结发现在扶贫攻坚过程中涌现出来的典型，并注意坚持运用这些先进典型带动面上工作开展。

一是大兴乡支前村夯实堡垒、志智双扶的典型。肇源县大兴乡支前村下辖2个自然屯，总人口1 387人、384户，有水田1.48万亩、旱田5 352亩，原建档立卡贫困户13户23人，2018年末已全部实现脱贫。脱贫攻坚以来，村"两委"一直坚持把脱贫攻坚作为首要任务，积极争取谋划产业扶贫项目，将脱贫与党建和乡风文明等工作深度结合，不断夯实基层基础，强化志智双扶，着力激发贫困户的内生动力，探索开辟出了一条村级扶贫工作新路径。

抓好基层党组织建设是精准扶贫和巩固扶贫成果的重要前提。在脱贫攻坚中，村"两委"确定了"以党建工作为统领，以特色项目来攻坚，以唤起动力为目标"的扶贫工作思路。一是打造党建示范点。坚持以"六位一体"基层党组织建设为抓手，积极推进村级党建全部重新建档，进一步健全了议事、学习、办事公开等制度12项，完善了支部党员、流动党员、入党积极分子和后备干部4类人群基础数据、基础资料，促进党建工作有规矩、有章法。二是丰富党性教育形式。围绕脱贫攻坚，充分利用"七一""十一"等时间节点及冬季农闲时间，依托主题党日活动、书记讲党课等活动形式，积极开展党性教育，引导党员参与脱贫攻坚这项重大政治任务中来。三是搭建党员服务平台。根据扶贫需要，全面回应党员参与扶贫的意愿要求，以村党支部党员为主体，组建了党员脱贫攻坚志愿服务队和老党员扶贫工作义务宣传队，深入开展入户宣传和政策讲解，积极沟通对接各类扶贫项目，通过党员的示范带动和积极帮扶，全体村民的脱贫愿望日益强烈，贫困户的主观能动性进一步发挥，为实现全村整体脱贫打下了坚实基础。

目前，全村构建形成了"县、乡、村、户"四级产业扶贫模式，年可带动贫困户户均增收4 000元，为巩固脱贫成果、确保脱贫成效提供了长期保障。一是龙头企业带动。县级龙头企业鲶鱼沟实业有限公司带动帮扶，全村贫困人口每人每年增收800元。二是扶贫产业带动。全面参与全乡产业扶贫建设，依托乡里利用财政专项扶贫资金新建的藏香猪养殖场，引导贫困户采取固定资产收益的方式参与经营，全村贫困人口每人每年实现增收850元以上。三是带资入社受益。13户建档立卡贫困户个人贷款5万元，以带资入社的方式，全部加入了村党支部领办的吉源藏香猪养殖合作社，全村贫困人口每人每年实现增收800元以上。四是个性帮扶带动。党支部、驻村工作队和帮扶责任人一道摸清户情，"因户施策"，为贫困户研究了不同的收益项目。积极与县民政局等帮扶部门对接，利用对接部门全体党员捐助的10 000元，购入带崽母羊6只，以"借羊生羊"的形式放到1户精准扶贫户家中，年增收达5 000元；5名第一帮扶责任人自筹资金购买藏香猪由大户代养，带动5户实现年增收800–1 000元；发展庭院增收项目1户，实现年增收1 200元；扶持黑鸡养殖2户，实现年增收2 000元；扶持家猪养殖1户，实现年增收1 000元。

通过调查发现，贫困户的物质收入已经脱贫，但是一些陋习依然存在，脱贫成果仍面临一些风险。对此，村"两委"创新实施"文明实践站"建设，并以此为中心，按照"1+N"的工作思路，开展志智双扶、文明乡风等系列主题特色活动，倡导树立积极向上的文明新风，充分激发村民的内生动力。"1"是一个中心，即"文明实践站"建设。在借鉴桦南、桦川爱心超市经验的基础上，建设村级文明实践站。按照"救急难、改陋习、扶志智、促脱贫"的基本工作原则，以"积分换购"的形式，用"物质激励"的方式推进村民参加知识学习、卫生改观、习惯养成、尊老孝老、创业互助等系列乡风文明主题活动。实践站的管理权限实行三年过渡制，第一年由驻村工作队进行管理，第二年由工作队和村"两委"以及监委会共同管理，第三年过渡到村"两委"管理、监委会监督的可持续发展格局。目前，社会各界已捐赠衣服、厨具、洗漱用品、电器等78个项目1 000多件捐赠物品，已制定完成了《支前村文明实践站积分兑换细则》，从村民反馈和实际效果看，这种物质奖励的办法深受群众欢迎，贫困户脱贫致富信心显著增强。"N"是系列主题活动，即组织开展文明家风、公益大讲堂宣讲活动，开展最美儿媳、脱贫示范户和"十星级"文明户等评选活动，开展广场舞大赛和各种志愿活动。同时，充分发挥驻村工作队和包扶单位资源优势，引入县万福来超市、至诚（肇源）医养医院等单位以及社会志愿服务组织与支前村建立共建关系，开展入村医疗义诊、文化演出、边缘户帮扶等活动。村"两委"和驻村工作队还制定了村规民约、志愿者活动计划等文件，为村民除陋习、树新风提供了工作遵循和制度约束。通过文明实践站的建设和组织开展的系列主题活动，贫困户脱贫致富的信心和决心更强了，营造形成了一个积极向上的村风新风。2018年6月村里的2户贫困户生活状况好转后，以书面形式向村两委提出申请退出贫困户行列，把国家的扶贫资源留给更需要的人，与一些地方的争当贫困户形成了鲜明对比，在全市独树一帜。

二是薄荷台乡前台村黑山羊养殖项目、头台镇七家子村大鹅养殖项目扶贫产业增收典型项目。肇源县薄荷台乡前台村黑山羊养殖项目、头台镇七家子村大鹅养殖项目等9个扶贫产业项目共辐射9个乡镇，实际带动贫困户713户，年户均增收1 100元；正在实施的1个古莲米业项目辐射8个乡镇（7个乡镇带动466户，年户均增收1 200元，1个乡镇带动170户，年户均增收647元）。总的看，16个乡镇都有产业项目带动，扶贫产业项目带动协议时限各不相同，未对2020年后具体详尽进行约束，现有产业项目均已落地，产业带动效果初步显现。

三是龙头企业鲶鱼沟实业有限公司带动增收典型。肇源县龙头企业鲶鱼沟实业有限公司，自2017年以来主动参与带贫，目前主要采取县级奖补方式，实现带动全覆盖，贫困户年户均增收1 730元。龙头企业带动效果较好，但其带动协议只持续到2020年末，社会力量参与带贫体量较小，仍需进一步引导培育。

四是肇源镇兴安村渔业淡水养殖专业合作社、古恰镇仓粮村国仓水稻种植专业合作社带动增收典型。肇源县充分发挥金融扶贫小额贷款作用，积极组织有意愿带贫主体，通过抱团发展方式带动贫困户增收。截至2019年9月，累计发放金融扶贫小额贷款3 755.1万元，涉及16个乡镇、15个新型经营主体，实际带动732户，户均增收2 200元。合作社充分发挥了带贫增收主力军作用，但带贫协议时限只持续到2020年末。

第四节　全面完成任务　实现脱贫目标

脱贫攻坚任务全面完成。截至2019年11月15日，全县共有建档立卡贫困户1 352户2 917人，已全部脱贫。经过动态调整，未新增建档立卡贫困户，核查边缘户71户163人。一是聚焦"两不愁三保障"，夯实保障基础。2019年，针对排查出的5大类15个方面34个问题，制定了问题整改方案，全面补齐短板，夯实保障基础。在饮水安全方面，投资1.1亿元对188个屯99处饮水工程实施改造提升，全县353处饮水工程排查发现问题工程203处、问题个数359个，已全部整改完成。在住房保障方面，完成了"三类人群"危房改造任务734户；对未列入改造范围的土房户采取租赁方式解决了265户。排查出住房保障类问题共66户，已全部完成整改验收。在健康保障方面，实现了贫困户人身保险全覆盖，共兑现"先诊疗、后付费"政策人数为1 544人、垫付资金717万元，"一免五减"政策人数为1 345人、减免费用33万元，大病集中救治75人、救治金额30万元。在教育保障方面，目前建档立卡贫困户义务教育阶段学生全部在校就读。采取国家政策救助、社会力量救助、教育系统帮扶等形式，全年共为352人发放各类救助资金73.6万元。二是拓宽增收渠道，增加贫困收入。充分发挥扶贫产业、龙头企业、金融扶贫小额贷款等带贫作用，多元拓宽增收渠道。全县各类产业扶贫主体达到26个，覆盖全县所有建档立卡贫困户，户均增收3 980元/年。在产业项目带贫增收上，2019年，组建了肇源县古莲米业有限公司，共带动8个乡镇633户贫困户，户均增收1 122元。在金融扶贫增收上，采取"企贷企还""抱团发展""户贷户用"三种模式，已累计发放贷款7 962.1万元，全部贷款使用正常，无不良贷款和使用风险。在开发扶贫岗位和发展庭院经济增收上，共开发保洁员、护林员等扶贫岗位70个，安置贫困户70人，实现人均增收1 200元以上，同时支持189户贫困户通过发展庭院经济增加收入，户均增收1 000元以上。三是加强项目储备，精准使用资金。对项目库项目进行了重新评估申报，剔除了可行性低的项目，纳入了可行性强、收益高的项目，确保各级扶贫资金到账后第一时间匹配项目。共储备57个项目；共使用扶贫资金2 890.5万元，其中用于产业项目建设2 108.9万元，用于基础设施建设487.2万元，用于企业带贫奖励资金162.4万元，用于扶贫小额贷款贴息120万元，用于雨露计划12万元。

坚决打好精准脱贫攻坚战，聚焦"两不愁三保障"，完成"三类人群"危房改造任务734户，整改安全饮水问题工程203处；累计投入3 540万元，实施产业扶贫项目10个，实现贫困户产业带动全覆盖，全县建档立卡贫困户全部脱贫。

第五节 肇源未来发展愿景

肇源县未来的发展将坚持以习近平新时代中国特色社会主义思想和党的十九大精神为指导，践行新发展理念，落实高质量发展要求，以乡村振兴为总抓手，以培育壮大"1+3+N"产业体系为牵动，坚持"贵"在生态、"特"在风格、"融"在产业、"活"在机制、"本"在民生，全力以赴抓发展、促改革、优环境、惠民生、转作风，奋力推进肇源全面振兴全方位振兴。

指导思想。深入贯彻习近平新时代中国特色社会主义思想、党的十九大精神、省市全会精神以及习近平总书记在东北振兴座谈会上的重要讲话和考察黑龙江时的重要指示精神，牢固树立新发展理念，牢牢把握"五个要发展"根本路径，以培育壮大"1+3+N"产业体系为抓手，持续推进全面深化改革、优化营商环境、改善民生福祉、全面从严治党，推动县域经济社会全面振兴全方位振兴，为大庆市争当全国资源型城市转型发展排头兵做出积极贡献。

时代背景。为深入贯彻中央和省市委关于大庆市转型发展的系列部署，落实《中共大庆市委关于奋力践行习近平新时代中国特色社会主义思想争当全国资源型城市转型发展排头兵的意见》，顺应全县人民的共同期盼，着力重构产业、重组要素、重聚动能、重塑环境，在大庆市争当全国资源型城市转型发展排头兵进程中作出应有贡献，结合肇源实际，制定本愿景规划。

具体时间：主要实施"三步走"，实现"三级跳"。到2020年：经济增速保持在6%以上，地区生产总值突破150亿元。

农业产业化程度大幅提升，食品产业的附加值和市场占有率进一步提高，旅游文体产业破题，各类企业在带动农业增效和农民增收中的作用凸显，经济结构进一步优化。城乡居民人均可支配收入分别比2010年翻一番，完成脱贫攻坚任务，与全省全市同步全面建成小康社会。

到2025年，地区生产总值突破200亿元。产业项目支撑作用显著，农业与二、三产业融合发展的趋势更加明显，"粮头食尾"、"农头工尾"中的"头"更强"尾"更长，农产品和地工产品质量优势全面转换为价格优势和产业优势，粗放式、低效能的发展方式得到扭转。现代农业及全县各项改革试点成果集中显现，成为全省农业综合配套改革排头兵。

到2035年，地区生产总值突破350亿元。食品产业成为县域经济支柱产业，清洁皮革、旅游文体、现代物流产业转型升级，新兴产业集群式发展，产城融合步伐不断加快，新旧动能有效转换，较好实现充分发展平衡发展，城乡居民人均可支配收入比2010年翻两番，县域经济实现全面振兴，人民群众对美好生活的需要得到更加充分、更加公平的满足。

为了确保未来发展愿景目标的实现，具体措施：

一是以提质增效为目的，推进产业集聚发展。

依托肇源省级经济开发区，按照龙头带动、基地牵动、品牌拉动、农业新型经营主体推动的发展思路，以惠丰乳业、鲶鱼沟米业、鹅香久食品、正邦生猪、德伦堡小米啤酒等产业化龙头为主体，深度开发上下游关联业态，逐步构建企业集群和产业板块，加速形成绿特色食品加工主导产业优势，带动农产品由初加工向精深加工转型升级，促进产业链价值链向高端化迈进。

二是以特色产业为依托，加强农业品牌建设。

围绕大米、小米、高粱、玉米、杂粮等优质资源，在延伸产业链、提升价值链上寻求突破，引导企业以小众化、信息化、便利化为方向，委托专业机构对"肇源大米""肇源小米""肇源杂粮""肇源白鹅""肇源江鱼"等特色产品进行策划包装，实现差异化发展，做大做强特色农业品牌。

三是以百姓需求为导向，提升民生质量水平。

始终坚持以人民为中心，以群众满意为标准，持续加大资金投入，完善基础设施建设，逐步补齐民生短板，满足人民群众日益增长的美好生活需要。

坚持把乡村振兴战略作为总抓手，围绕乡村振兴总要求，统筹推进新时代"三农"工作，促进农业全面升级、农村全面进步、农民全面发展。完成农村产权制度改革，充分发挥水务集团、粮食集团引领作用，利用好土地确权颁证和草原清查确权等成果，推进各类农业资源市场化运营，逐步释放改革红利，促进农业增效、农民增收。实施"十百千"工程，培育新型经营主体，鼓励引导具备条件的新型经营主体向企业转型，在更广阔的舞台上发展壮大，服务更多农民。

加强顶层设计，启动城市"双修"和生态系统规划等专项规划编制，推动乡镇加快总体规划编制，形成科学完善、有效衔接的全县规划体系。落实房地产领域专项巡查整改要求，强化政府监管主体责任，制定新的棚改政策和大修基金收缴使用办法，严格执行项目审批、农民工保障金收缴等程序规定，加大违建拆除力度，完成回迁安置任务，有效促进全县房地产领域健康良性发展。完成"引嫩入肇"城镇供水项目建设，确保如期供水。继续实施农村饮水安全巩固提升工程，实现农村人口安全饮水全覆盖。实施人民广场和西海公园健康步道项目建设，满足群众休闲健身需求。继续推进老旧小区供热、供水、排水管网和供电设施维修改造，对政府大街、澳门大街人行步道实施硬化升级改造，加强城区道路交通执法，逐步解决静态交通问题。推进203国道肇源至松花江公路大桥段项目建设，做好哈肇高速的各项配合工作，不断改善居住、出行环境。落实安全生产责任制，定期开展隐患排查和危爆物品、道路交通、建筑工地、消防领域专项整治，坚决防范和遏制重特大生产安全事故。持续开展扫黑除恶专项斗争，依法处理各类信访问题，保持和谐稳定社会环境。

以医共体建设为带动，推动新站镇中心卫生院异地新建项目投用，开设县人民医院心血管介入治疗、高压氧治疗、康复体检和县中医院脑卒中诊疗、内窥镜诊疗、中医诊疗项目，对部分村级医疗机构进行升级改造，加强与外埠知名医疗机构的合作交流，强化卫生人才队伍建设，促进医改各项工作任务落实，整体提升县乡村三级医疗资源的配置和使用效率。

四是以宜居宜业为目标，推进生态文明建设。

持续坚持绿色发展，以"绿水青山就是金山银山""生态环境就是民生福祉"为基本遵循，以农村人居环境整治为牵动，把生态文明建设放在突出战略地位，加强节能减排，优化能源结构，搞好生态保护，增强环境保护力度，实现大气、土壤和水体环境质量明显改善，森林覆盖率持续提高，水土流失和土地荒漠化面积持续减少，单位GDP能耗和碳排放量、单位工业增加值用水量持续下降，实现县域经济社会永续发展。

五是以完善机制为重点，实施改革创新。

坚决打好改革创新攻坚战，进一步解放思想，大胆创新，以凤凰涅槃、自我革命的决心和勇气，持续抓好各项改革任务，全面推进依法治县，加快转变政府职能，提高政府公信力和行政效率，坚持市场在资源配置中的决定性作用，深化财税金融改革，户籍制度改革、基层社会管理等重要领域和关键环节的改革，不断提升县域经济发展活力和竞争力。

抓住国家政策这条主线，落实粮食安全县长责任制，加大高标准农田和优质粮食工程建设，夯实"两区"发展基础。依托国家农业可持续发展试验示范区、两大平原现代农业综合配套改革等平台，分别实行农业生产前资本化改革、生产中平台化改革和生产后市场化改革。启动用水许可证发证工作，推动粮食集团、水务集团快速发展，完善县乡村三级农业社会化服务体系，发挥三站宏光区域现代农业综合服务体、新站洪益粮食种植专业合作社等典型示范带动作用，提供优质的科技培训、农业信息、金融保险、生产作业等全程一站式服务，加速涉农领域服务专业化发展。

严格按照省市机构改革要求，认真研究制定机关、事业单位"三定"方案，平稳推进机构调整、职能整合和人员划转等工作，高标准完成政府机构改革任务。

推广"互联网+政务服务"模式，深化"四零"承诺服务，完善首问负责、一次性告知等服务制度，降低企业和群众办事成本。加强对政务服务事项的优化和动态管理，继续减事项、减材料、减环节、减时限，促进更多事项网上办、跑一次。

建立现代医院管理制度，按照集团化改革方向，继续深化医共体建设，促进优质医疗资源有序下沉，为群众提供更集约、更有效、更便捷的医疗卫生服务。利用原县妇幼保健院闲置资产，引入社会资本，探索公私合营模式，谋划建立口腔诊疗综合医院，为广大患者提供安全健康、规范有序的就医环境。

长期以来，肇源县紧跟国家、省市步伐，加快建设小康社会，但在建成小康社会的实现程度与省、市平均水平存在较大差距，尤其是经济发展、社会和谐和生活质量等指标差距更为明显，同时城乡区域发展不平衡和贫困人口面大的现状仍然没有改变。肇源县必须立足县情实际，充分挖掘发展新优势，凝聚全县力量，打好扶贫攻坚战，加快服务体系建设，不断扩大人民民主，提升人民群众的获得感和满意度，与省市同步实现小康社会。

后 记

　　该书于2019年1月开始编撰，是肇源县第一部革命老区史。本书运用了大量的史实资料，真实地反映了不同历史时期肇源老区人民的不同经历，反映了在党的领导下肇源革命老区人民为"三肇"地区解放而艰苦奋斗的历程，以及在省、市党委、政府的领导下，肇源革命老区的发展历程和巨大变化。该书充分反映了肇源老区人民在革命时期勇于牺牲、前赴后继的崇高革命品质，同时也反映出老区人民在新中国成立后科学发展的良好精神风貌。如实书写这些发展与变化的历程，是我们义不容辞的责任，记录这些是对历史的牢记，是对先烈的缅怀、敬仰与赞美，是对一代代生活在这片热土上的人民的启迪。

　　在搜集本书资料、整理资料、照片拍摄、撰写文章及编辑出版的过程中，得到了县委、县政府领导的亲切关怀和大力支持，得到了县委办、政府办、县委宣传部、县档案馆、县民政局、县统计局及县博物馆、县文广局等单位和退休老干部白万胜、陈绍伟的鼎力相助，他们为本书的出版付出了很大的努力，在此一并表示感谢。由于时间仓促及编者水平有限，难免存在疏漏和不当之处，承请各位读者予以批评和指正。

编者

2020年1月22日